Clara e Francisco
O Puro Amor

Edison Carneiro

Clara e Francisco
O Puro Amor

Aliança

1ª edição, Maio/2017, do 1º ao 5º milheiro.

Título
Clara e Fancisco o puro amor

Autor
Edison Carneiro

Revisor
Antônio Roberto de Carvalho

Diagramação
Jayres Gomes

Capa
Jayres Gomes

Impressão
Rettec Artes Gráficas e Editora Ltda.

Ficha Catalográfica

Dados Internacionais de Catalogação na Publicação (CIP)
(Câmara Brasileira do Livro, SP, Brasil)
Carneiro, Edison
Clara e Fancisco o puro amor / Edison Carneiro.
-- São Paulo : Editora Aliança, 2017.

ISBN 978-85-8364-057-8

1. Clara, de Assis, 1193 ou 4-1253 - Interpretações espíritas 2. Espiritismo 3. Francisco de Assis, Santo, 1181 ou 2-1226 - Interpretações espíritas 4. Psicografia I. Título.

17-03914 CDD-133.93

Índice para catálogo sistemático

1. Santos cristãos: Biografia psicografada: Espiritismo 133.9

Editora Aliança
Rua Major Diogo, 511 - Bela Vista - São Paulo - SP
CEP 01324-001 | Tel.:(11) 2105-2600
www.editoraalianca.com.br | editora@editoraalianca.com.br

Sumário

Dedicatória

Dedico este pequeno trabalho, desataviado de erudição, desprovido de estudos científicos e históricos, aos heroicos e anônimos irmãos franciscanos e clarissas, que mantiveram vivos por séculos extensos e em inúmeros lugares, os ideais de Francisco e Clara, da pobreza do corpo e do Espírito, em contrapartida às imensuráveis riquezas do amor a Deus e às criaturas

Que o Bom Deus os abençoe e fortaleça, cumulando-os dos eternos bens espirituais.

Que possa ressoar em seus corações a nossa gratidão por seus trabalhos, sacrifícios e dores, e que estejam conscientes que: suas lágrimas não foram em vão, suas sementes não foram estéreis, suas palavras foram ouvidas, seus sentimentos amorosos encontraram guarida e se multiplicaram pela graça do Senhor que a todos governa, o Cristo Jesus.

Agradecimentos

Em especial, minha gratidão

A Bernadete Queiroz dos Santos, irmã, por ter lançado em meu espírito a semente deste livro.

A Maria Helena Alves dos Santos, esposa, por ter defendido a planta com suas críticas, adubado com suas sugestões e regado com seus incentivos.

A Mauro Benigno, amigo, por seu breve, mas decisivo apoio.

Nota explicativa

Neste livro nos ocupamos com exemplos de Francisco e Clara, na vivência do amor a Deus e às criaturas.

Francisco foi um frade e Clara uma freira, católicos; como tais atendiam às prescrições da liturgia e ritos católicos. Os fatos ligados a essa característica, no entanto, não são abordados neste livro, a não ser quanto necessários à compreensão do amor cristão.

Sendo espírita, é natural que veja as coisas do ponto de vista espírita. Tenho presente, no entanto, que o amor a Deus e às criaturas não se subordina ao espiritismo, ao catolicismo, ou a qualquer outra religião. As crenças e atitudes religiosas, no entanto, só serão válidas e verdadeiras se elas se subordinarem ao amor a Deus e às criaturas.

Nas palavras de Jesus: "o sábado foi feito para os homens", e não "os homens foram feitos para o sábado", o que eu interpreto como: as prescrições religiosas foram feitas para auxiliar os homens, e não os homens foram criados por Deus para servirem às várias prescrições religiosas.

As religiões, ao longo dos séculos, se envolveram em infindáveis disputas, frequentemente gerando ódios e crimes terríveis.

Quero deixar aqui a minha afirmação explícita de amor e respeito pelos católicos e pelos profitentes de outras religiões, conquanto considere Francisco e Clara, primeiramente, Espíritos criados por Deus, e beneficiaram toda a humanidade, independentemente de suas crenças.

Autoria

Os autores da vida de Francisco e Clara foram eles mesmos.

Como citado no capítulo "Fontes" tomei por base os vários escritos sobre Clara e Francisco, notadamente os de Tomas de Celano, que os conheceu em corpo carnal.

Em vários textos do livro dei livre curso às interpretações e inspirações que me vieram à mente, se foram as melhores, as mais fiéis à verdade, não tenho condições de avaliar.

Que este texto possa auxiliar aqueles que buscam o amor de Deus, a humildade e o desprendimento das coisas materiais é minha prece.

O nascimento

Fiametta era uma mulher na casa dos cinquenta anos, robusta, cheia de corpo, seios fartos, rústica, falava aos gritos.

Era criada, em Assis, na casa do rico comerciante de tecidos, Pietro di Bernardone.

Fiametta se impunha por sua personalidade forte, por ter nascido ali, por conhecer Signore Bernardone, desde que ele nasceu. Nenhum dos criados se atrevia a contestá-la.

Os Senhores, confiando nela, a apoiavam; ao mesmo tempo em que ela era um muro, separando-os das classes inferiores, era também um meio de comunicação, transmitindo suas ordens e obtendo informações para a governança da casa.

Conquanto sua aparência e gestos grosseiros, o coração de Fiammeta era terno e bom.

Através de seus olhos, ouvidos e sentimentos, procuraremos assistir o que se passou na sólida casa de pedra de Pietro di Bernardone numa noite do ano de 1182.

Fiametta estava nervosa, de coração apertado, por vezes lágrimas desciam pelo seu rosto gordo e molhavam as tiras que prendiam sua touca.

Quando, havia cerca de um mês, o Singnore disse que ia viajar para a França para comprar tecidos, ela não se conteve e objetou:

— Mas a sua mulher está para dar à luz, e o que faremos sem o Signore aqui, pobres mulheres que somos, cercadas de criados estúpidos.

Mas o Signore não aceitou o argumento:

— Voltarei a tempo, o parto ainda demora. Impertinente, Fiametta ainda retrucou:

— Signore, só Deus sabe quando será o parto, pelo amor de Deus fique, vá depois do nascimento da criança.

Mas o Signore virou as costas, sem responder nada, e mandou que ela tomasse as providências e avisasse a criadagem que ele partiria pela manhã, dentro de dois dias.

E Fiametta viu, nervosa, o Signore partindo com seus cavaleiros.

Agora a Signora estava caída na cama, havia três dias que os trabalhos de parto começaram, mas a criança não nascia.

Fiammeta não dormira nas noites anteriores acompanhando a Signora, seus olhos estavam vermelhos e seu corpo cansado pedia por descanso e sono.

Mas dormir era como abandonar, e ela não podia abandonar a Signora.

Malfadado Pietro di Berandone, que a deixara sozinha para resolver aquela situação.

As sombras projetadas nas paredes pelo fogo na lareira pareciam demônios, tentando-a a pensar no pior, tentando-a a pensar na morte, mas ela reagia com imprecações e raiva, "que os demônios fossem queimados nas chamas do inferno".

Achou melhor rezar que enraivecer-se.

Aproximou-se da imagem de Nossa Senhora e rezou uma Ave Maria.

Dirigiu-se ao quarto para ver a Signora.

As forças da Signora se esgotavam.

Estava deitada, a mão caída fora da coberta, o semblante pálido e adormecido estampava uma expressão de dor.

Fiammeta ajeitou a mão da Signora de volta ao leito, afastou a coberta, colocou o ouvido sobre o ventre enorme, ouviu o bater de um coraçãozinho.

Graças a Deus, a criança ainda vivia.

A Signora abriu os olhos e murmurou:

— Fiametta...

A velha precipitou-se em direção ao rosto da Signora para ouvi-la:

— Oh, Signora, Signora mia!

— Fiametta, sabes, é um menino. Tenho certeza! Um menino!

Os olhos da Signora estavam enormes, no seu rosto magro e sofrido:

— Tal como Signore Bernardone deseja. Um menino! Mas ele não quer vir ao mundo... Por que Fiametta, por quê? Fale com ele, diga-lhe que nós o amamos, que ele não tenha medo.

Diga-lhe, com sua voz forte, porque a mim ele não ouve, diga-lhe que estou morrendo e que se ele não vier, ele também morrerá. Diga-lhe para que abandone o meu corpo, agora, antes que seja tarde...

Fiametta desabou sobre o assoalho, orando à Santa Virgem, em meio das lágrimas, se a Signora morresse ela morreria também, por que o Bom Deus não a levava em lugar da Signora; ela uma criada, velha e inútil?

Repentinamente levantou-se, ouviu um barulho como se fosse o ferro da aldrava[1]. Saiu cambaleando em direção à porta, passou por Calandrino, outro criado que dormia, esparramado num canto, no chão duro.

Agora o som da aldrava estava bem nítido.

Retirou a pesada tranca de ferro e abriu a porta, o luar derramava-se e, misturado à luz de uma tocha pendurada na parede, revelava um vulto parado na soleira da porta.

Seu rosto não era nítido, mas seu olhar brilhava. Ele disse apenas:

— Fiametta.

Aquela voz penetrou Fiametta, como uma onda de calor e esperança, fez vibrar todo o seu corpo, Fiametta sentiu-se aquecida e confortada. Passados alguns segundos, prosseguiu:

— Fiameta, acorda Calandrino, faça com que ele tome a Signora nos braços e a leve para lá.

Um braço saiu do manto e na mão fechada destacava-se um dedo indicador apontando a estrebaria. Aquela voz, ao mesmo tempo imperativa e doce, concluiu:

— É dali que o menino entrará no mundo.

[1] Aldrava = argola, geralmente de ferro, presa à porta e que serve para bater nela.

Os olhos de Fiametta contemplaram a porta da cocheira iluminada vivamente pelo luar.

Ao se voltarem, viu que o vulto que lhe falara afastava-se, desaparecendo em meio à noite.

Agiu rápido, com os pés chacoalhou Calandrino para que despertasse, gritando-lhe:

— Venha, venha, não tenho tempo a perder.

Calandrino acordou, levantou-se cambaleando e foi despertando aos empurrões de Fiametta.

Chegados ao quarto da Signora, Fiametta a pegou como se fosse um farrapo e depositou-a nos braços de Calandrino, dizendo-lhe:

Siga-me, rápido.

Chegando à sala, pegou a tocha que estava presa à parede e, quase correndo, gritava para Calandrino:

— Rápido, rápido, cuidado com a Signora...

Abriu a porta da cocheira, enganchou a tocha num suporte e disse para Calandrino:

— Ponha a Signora sobre a palha, saia e feche a porta, rápido homem, rápido.

E ali na estrebaria, sob o olhar calmo de duas vacas, algumas ovelhas, dois cavalos e um jumento, o menino veio ao mundo, num grito de dor e júbilo da Signora, acompanhado dos berros de Fiametta:

— O menino nasceu, Bom Deus, o menino nasceu...

O galo cantava ininterruptamente.

Um sorriso misturado às lágrimas iluminava o rosto da Signora.

Os outros criados acordaram com o barulho, viram a luz acesa na estrebaria e vieram ver o que acontecia.

Fiametta abriu a porta da estrebaria, um menino repousava envolto no seu avental grosseiro – prenúncio de suas vestes no futuro – e Fiametta dizia enternecida:

— Seja bem-vindo, meu pobrezinho, meu pobrezinho...

Os criados formavam um pequeno círculo para verem a criança.

O Sol também se levantava, pressuroso, e espalhava sua luz sobre o céu e a terra, porém seu objetivo maior naquela manhã era iluminar a face do seu irmão que chegava ao mundo.[2]

---

[2] Escrevi este capítulo após ler o Cap. *"A quinta hora"*, do livro *Remotos cânticos de Belém* de Wallace Leal Rodrigues.

Os primeiros anos

O menino adorável

Aquele que futuramente seria Francisco foi batizado com o nome de João.

Sua mãe, lembrando os estranhos fatos que cercaram seu nascimento, com dons de profecia, dizia inspirada a respeito de seu filho:

— Quem vocês pensam que vai ser esse meu filho? Ainda vão ver que, pelos seus merecimentos, vai ser um verdadeiro filho de Deus.

Já maiorzinho, João conquistava a simpatia de todos por suas qualidades e trato ameno, era um adolescente muito educado.

O jovem frívolo

A par dessas qualidades, assumiu os costumes do tempo, as vaidades do mundo.

Consumia seu tempo em frivolidades, gostava de vangloriar-se, fazia toda sorte de loucuras, em jogos, passatempos, conversas fúteis, canções, roupas luxuosas, posto que era um jovem rico.

Absorvendo as características do pai, era negociante hábil e esperto, compensando o muito que tinha, era esbanjador insensato, ou seja, não pecava pela avareza, mas pela prodigalidade.

Angariava amigos por ser gastador, beneficiando outros jovens, igualmente fúteis, pagando suas despesas com seu dinheiro e também por ser muito humano, afável, habilidoso no trato.

Era comum vê-lo em Assis, rodeado de um bando de jovens que o seguiam e admiravam, cantando e dançando, altaneiro e magnânimo.

Para ele, a festa mais importante, no entanto, era a de São João Batista, cujo nascimento é comemorado no dia 24 de junho, com suas fogueiras, cantos e danças, o que já ocorria na Idade Média.

Francisco, no entanto, não era dado a desequilíbrios na área afetiva e sexual, mantendo a sinceridade nos sentimentos e tratando os companheiros e as mulheres com respeito e cortesia; mantinha-se casto em flagrante contraste com a sociedade que o rodeava.

Línguas

Francisco falava e escrevia além do italiano (antigo), língua natal, o latim, no qual não era muito fluente, e também o francês, em que se expressava quando inspirado, revelando as realidades espirituais.

João vira Francisco

Conquanto seu nome de batismo fosse João, seu pai, que ia frequentemente à França em suas atividades comerciais, o chamava de Francesco (francês).

Na juventude, João assumiu o nome de Francisco, e assim passou a ser conhecido durante a sua vida e após sua morte.

A transformação

Primeiros sinais

Naquele tempo, as guerras entre as várias cidades, movidas pelos seus senhores, objetivando principalmente o saque, disputas econômicas e políticas, eram frequentes.

Francisco participava dessas guerras pela diversão e pelos ganhos que proporcionavam.

Numa guerra entre Assis e Perusa, cidade a cerca de 30 km de Assis foi feito prisioneiro com muitos outros.

Nas penúrias do cárcere os companheiros deixavam-se abater pela tristeza, lamentando-se do cativeiro, mas Francisco exultava Nosso Senhor, ria e via a cadeia com bom humor.

Seus companheiros, ofendidos, o chamavam de louco e demente, por se alegrar na prisão. Porém Francisco respondeu profeticamente:

— Por que vocês pensam que eu estou contente? Estou pensando em outra coisa: ainda vou ser tido como santo por todo o mundo.

Na prisão havia um soldado orgulhoso e insuportável, ignorado por todos.

Francisco, firme na paciência, tolerou o insuportável, conseguindo que os demais companheiros considerassem o ignorado e fizessem as pazes com ele.

Libertado pouco tempo depois, a bondade foi-se acentuando em sua alma, tomou então a decisão de não desviar o rosto de nenhum pobre, de ninguém que lhe pedisse alguma coisa por amor de Deus.

Cumpria o mandamento: "Dá a quem te pede e não fujas daquele que pedir emprestado".

Um dia, encontrando um soldado pobre e quase nu, deu-lhe generosamente a roupa elegante que vestia. O soldado deu parte da roupa que ganhara a outro soldado também pobre.

A doença

Por essa época, contraiu uma enfermidade, acompanhada de um sentimento de angústia.

No leito, prostrado por longo tempo, passou a refletir de maneira diferente.

Já melhor, e apoiado num bastão, começou a andar pela casa. Depois, saindo, observava a beleza dos campos, o encanto dos vinhedos, mas nada disso o alegrava.

Ficou surpreso com a sua mudança.

Sonhos e vozes

Um nobre, Gualtieri de Brienne, foi agraciado pelo papa Inocêncio III com vários feudos, incluindo a cidade de Apúlia no sul da Itália, a cerca de 600 km de Assis. Armou-se então militarmente para tomar posse da cidade de Apúlia.

Sabendo disso, Francisco, leviano e audacioso, alistou-se para ir com ele, porque, conquanto generoso, a ambição ainda tinha certa força sobre ele.

Entusiasmado com a partida, à noite, teve um sonho:

A sua casa, que normalmente abrigava pilhas de peças de tecido para venda, no sonho estava cheia de armas: selas, escudos, lanças e outros aparatos para a guerra e ele observava aquelas coisas com admiração e alegria e ouvia uma voz que dizia:

— Essas armas e soldados serão seus.

Levantando-se pela manhã, considerou que o sonho revelava que sua aventura militar na cidade de Apúlia seria um sucesso.

A caminho da milícia, onde faria o treinamento militar, apareceu-lhe Jesus, Nosso Senhor, Francisco caiu de joelhos em profunda oração.

Após a aparição, iniciando os primeiros exercícios preparatórios para a guerra, desatento, foi demitido sob a acusação de covardia.

O comandante que o expulsara das fileiras o submeteu a um interrogatório aproximadamente nestes termos:

Capitão:

– Agora você está livre?

Francisco:

– Não livre para matar meus semelhantes.

Capitão:

– Não tem respeito às tradições de seu pai?

Francisco:

– A meu pai todo o meu apreço, entretanto ele e eu temos o Pai que é Deus e não nos será possível esquecer isso.

Capitão:

– E a sua responsabilidade perante o Papa?

Francisco:

– Venero Sua Santidade, mas o meu rei morreu há muitos anos numa cruz, coroado de espinhos.

Porém, à noite, teve o mesmo sonho pela segunda vez.

A voz, no entanto, lhe perguntou para onde iria.

Contou a expulsão da milícia.

A voz, no entanto, questionou:

— Quem lhe pode ser mais útil: o senhor ou o servo?

— O senhor, respondeu Francisco.

— Então, por que preferes o servo ao senhor?

— Que queres que eu faça, Senhor? – perguntou Francisco.

— Volta para a terra em que nasceste, porque é espiritualmente que vou fazer cumprir a visão que tivestes.

E, naquele sonho, à semelhança de Paulo de Tarso, Francisco passou de Saulo a Paulo, dando o grande salto moral.

Paulo foi derrubado do cavalo e tomou novo destino, passando de perseguidor a servidor do Cristo.

Francisco entendeu que as suas armas não seriam materiais e sim espirituais, e seus soldados não combateriam pela violência e ambição, mas conquistariam as almas sob comando de Deus.

E a alegria que lhe era prometida não viria das coisas mundanas, mas da prática do amor ensinado por Jesus.

Pela manhã, a aventura da Apúlia estava esquecida.

O abandono da vida mundana

O grupo de jovens que tinha Francisco como líder continuou a convidá-lo para seus banquetes, em que sempre compareciam a sensualidade e anedotas de mau gosto.

Eles o escolhiam como chefe, porque sabiam da sua liberalidade e esperavam que ele pagasse suas despesas.

Francisco aceitou o convite, e mesmo absorvido pelas suas santas reflexões, preparou-lhes um suntuoso banquete, mandando servir iguarias em abundância.

Empanturrados de comida, a ponto de vomitar, mancharam as praças da cidade com seus vômitos e suas canções de bêbados.

Francisco os acompanhava como chefe, mas vagarosamente foi se afastando, surdo a tudo aquilo. Cantando a Deus em seu coração.

Sentiu uma doçura divina invadir seu coração, tão intensa, que não podia dizer uma palavra ou dar mais um passo, um afeto todo espiritual o dominou, levando-o para o mundo invisível; as coisas mundanas da terra lhe pareceram absolutamente frívolas e sem valor.

E naquele momento foi como o homem da parábola de Jesus, "que sabendo haver num campo um tesouro, abandona e vende tudo o que tem e compra aquele campo".

Passeando com um amigo

Aos poucos, Francisco foi se afastando do burburinho mundano, porém mantinha discrição quanto às suas novas disposições.

Entre os jovens de Assis havia um que era mais seu amigo, com o qual se permitia fazer confidências, mas mesmo com o amigo falava por parábolas.

Saíam os dois para lugares afastados, dizia ao amigo:

— Encontrei um tesouro precioso e enorme.

O amigo, embora não entendesse o que Francisco queria dizer, o ouvia com atenção e bondade.

Iam com frequência a uma gruta, Francisco entrava na gruta, enquanto o amigo ficava do lado de fora.

No interior da gruta, Francisco orava a Deus com devoção, buscando a fé e a esperança, na alegria inefável do amor divino, desejava cumprir a vontade de Deus atingindo a plenitude como criatura; mas era assaltado por pensamentos contraditórios que o perturbavam; a angústia gerada pelo arrependimento dos erros cometidos o atormentava.

O Francisco antigo não o satisfazia, o novo Francisco ainda não estava suficientemente definido.

O salto, entre o mundano e o ilusório de um lado para o espiritual e eterno do outro, exigia exaustivo esforço mental e impacto emocional.

O embate desses estados d'alma chocando-se fortemente consumia suas energias e, ao sair da gruta, uma expressão de profundo cansaço o dominava.

No processo da gestação, o feto revive suas etapas evolutivas, tendo, por exemplo, guelras, nas primeiras semanas de sua formação, herança de quando experienciou, nos seus primeiros estágios como vertebrado, a condição de peixe.

De forma similar, conquanto seu adiantamento espiritual, Francisco revivia etapas anteriores de sua evolução moral, quando em outras vidas experimentou a frivolidade e a leviandade e passara ao que realmente importa e à responsabilidade.

A noiva

Em suas preces obteve a revelação do que deveria realizar.

Alegrou-se tanto que, mesmo com todo o esforço, não conseguia conter-se e deixava escapar alguma coisa, mas em parábolas.

Era comum também que, quando estivesse profetizando, falasse em francês.

— Haverei de fazer coisas nobres e estupendas aqui em Assis...

Os amigos não compreendiam e redarguiam

— Você vai se casar, Francisco?

— Vou me casar com uma noiva nobre e bonita como vocês nunca viram, ela supera todas as outras em beleza e sabedoria.

E saía pelas praças e ruas dizendo:

— Não viram aquela que minha alma ama?

E as pessoas, não compreendendo, diziam:

— Oh, homem! Não sabemos o que você está dizendo. Fale em nossa língua e lhe responderemos.

Mas a noiva de que Francisco falava era a Santa Pobreza.

A pobreza de Espírito é a humildade

A pobreza de espírito é afirmada por Jesus como uma das condições da felicidade:

— Bem-aventurados os pobres de espírito, porque deles é o Reino dos Céus.

Por pobres de espírito Jesus não entende aqueles a quem falta inteligência, mas os humildes, que habitarão o Reino dos Céus, ao contrário dos orgulhos que serão excluídos.

Por Reino dos Céus devemos entender aquela sociedade que cumpre as leis de Deus, e que, portanto, é feliz.

Humildade não é servidão. É, sobretudo, independência, liberdade interior que nasce nas profundezas do Espírito, apoiando-lhe a permanente renovação para o bem.

Sem humildade não podemos reconhecer a supremacia absoluta de Deus, a Sua grandeza, o Seu poder, a Sua sabedoria, o Seu amor infinito. E como poderemos nos encantar com Deus, negando seus atributos divinos?

Humildade é o reconhecimento da verdade inconteste de nossa pequenez diante do Universo, reconhecendo que somos criação de Deus, mas parcelas mínimas da Criação, imensa, boa e maravilhosa.

Na alma onde falta humildade, surge o orgulho e a vaidade.

Do orgulho vem a ira que leva ao ódio e o ódio à crueldade e à morte.

Da vaidade brota o sentimento de superioridade que leva à arrogância, e a arrogância à prepotência, novamente desaguando na crueldade e na morte.

Jesus a todo tempo revelava sua humildade: nascendo na palha de uma manjedoura, cuidando de pecadores, ensinando ignorantes, lavando os pés dos discípulos, acatando julgamentos de homens indignos, aceitando os apupos da multidão...

Ser pobre é não possuir.

A posse exclui o amor.

Eu aprisiono um pássaro. Eu o alimento e o protejo. Colocado em uma gaiola, na minha varanda, ele me alegra com seu canto e com suas cores. Eu digo a todos que amo o meu pássaro e provo com os cuidados que tenho por ele.

De outro lado, se abrir a gaiola, ele voará para longe. Ele não me vê como amigo, pois eu lhe subtraí a floresta, o céu, o convívio com outros pássaros, eu lhe subtraí o dom maior, sua liberdade. Se ele pudesse falar, diria que sou um ladrão e seu inimigo.

Quando possuo uma pessoa, eu nego sua identidade, cerco-a de ciúme, tolho sua liberdade, moldo sua vida às minhas preferências. Certamente isso não é amor, pois o amor liberta, o amor respeita, o amor se dá, o amor não cobra.

Para amar é necessário não possuir.

Ser pobre é não apegar-se às coisas materiais

Ter os valores materiais como objetivos da vida abre as portas de nossa alma à cobiça, à avareza, à ambição e esteriliza o nosso coração, que dirige os seus potenciais de amor para toda sorte de quinquilharias, acreditando que elas nos farão felizes.

Mas são os bens imateriais que geram a felicidade.

Não é a casa que nos fará felizes; é o lar.

Não é o empregado que nos fará felizes e sim o amigo.

Não é o automóvel que nos fará felizes e sim o objetivo que damos à nossa vida.

O que nos fará felizes é o amor; amor às criaturas, que se mistura ao amor ao Criador.

Pois o Criador pôs o seu selo em todas as criaturas e todas elas guardam o sinal da sabedoria, da justiça, da beleza, como nós também guardamos esse selo, por sermos igualmente criaturas de Deus.

É necessário ser pobre para ser feliz

Por tudo exposto acima, concluímos que a pobreza é condição essencial para o amor e para a felicidade.

Ela, a Santa Pobreza, foi o sólido alicerce no qual Francisco edificou sua vida de amor, beleza, simplicidade e sabedoria.

Francisco buscava seguir o exemplo de Jesus, que não possuía sequer uma pedra para repousar a cabeça, e no seu evangelho muitas vezes recomendou:

- guardem-se da avareza;
- vá vende o que tem e dá aos pobres;
- não ajuntem tesouros na terra, onde ladrões roubam e a ferrugem e a traça destroem, mas ajuntem tesouros no céu, que não podem ser roubados e destruídos.

Enquanto viveu neste vale de lágrimas, Francisco desprezou as míseras riquezas mundanas e, buscando a realização do amor, dedicou-se de todo coração à Santa Pobreza, entendida como humildade e despojamento.

Apaixonado pela sua beleza e querendo unir-se mais estreitamente à sua esposa, abandonou não só a posse dos familiares como pai, mãe, irmãos e amigos, mas a posse de qualquer coisa, seguindo o exemplo de Jesus, podendo afirmar:

Não possuo sequer uma pedra onde repousar a cabeça.

Buscou a pobreza com toda sua energia e devotamento, pois o despojamento de todo sentimento de posse, de todo ciúme, não é coisa fácil.

Entristecia-se muito quando via nos frades alguma coisa que contrariasse a Santa Pobreza.

Desde a sua conversão até sua morte, seus únicos bens foram a túnica, o cordão e os calções. Sua roupa pobre mostrava que tipo de riqueza estava amontoando.

Nada tendo e não sentindo ciúmes de ninguém, a sua pobreza, profunda e ampla, lhe dava uma imensa liberdade e alegria.

A tendência de nossa sociedade é na direção contrária, valorizando sobremodo o orgulho e as riquezas, odiando a pobreza.

Tornemo-nos devotos da Santa Pobreza, que nos tirará as posses, mas nos dará a felicidade e alegria de viver.

Palavras dirigidas aos ricos

Tenham sempre presente que não são proprietários, mas depositários e administradores dos bens que Deus lhes confiou.

Que esses bens possam servir a todos. Sejam sóbrios nos seus gastos pessoais, aprendendo a contentar-se com pouco, pois o lucro advirá do que distribuírem aos outros com proveito.

Eduquem descendentes e herdeiros a seguirem este caminho, não viciem seus filhos no ócio, na prodigalidade, na arrogância indevida, no preconceito econômico que atribui valor a um homem baseando-se no montante de seus bens.

Ensinem a seus filhos que a felicidade não consiste nos bens que um homem possui, mas sim nos bens que distribui.

Ensinem a beneficência modesta, que dá sem alarde, contribuindo para a verdadeira caridade.

Embora sendo ricos materialmente, não esqueçam que são pedintes em outros assuntos da vida, pois o dinheiro pode comprar o remédio, pagar médicos e hospitais, mas muitas vezes não compra a saúde; pode comprar a casa, mas o lar e o afeto familiar não são bens que estejam à venda.

Não explorem, não fraudem, não corrompam que a origem marca o dinheiro, e dinheiro com má origem não lhes trará nenhuma alegria, apenas sofrimento moral.

Usem seu dinheiro criando a vaga de emprego, o produto útil e com preço acessível, financiando as causas sociais legítimas, provendo a segurança do trabalho e dos empreendimentos, no desenvolvimento profissional. Fazendo essas coisas, participarão do divino amor de Deus e terão paz e alegria.

Alegoria sobre o casamento de Francisco com a Santa Pobreza

Tendo se apaixonado pela Santa Pobreza, Francisco resolveu procurar a amada de sua alma de forma diligente e perseverante.

Busca entre pessoas comuns

Saiu pelas ruas e praças das cidades perguntando aos transeuntes, pessoas comuns:

— Vocês sabem onde encontro a amada da minha alma, a Santa Pobreza?

Eles não compreendiam e respondiam agressivos:

— Você é louco? Quem pode amar uma coisa horrível?

Na verdade, não queriam sequer mencionar a pobreza, a simples ideia de encontrá-la lhes produzia profundo desgosto.

Odiavam-na, como é costume até hoje.

Busca entre os sábios e importantes

Francisco decidiu então procurar a sua amada entre os sábios e os importantes:

— Vocês sabem onde encontro a amada da minha alma, a Santa Pobreza?

Os sábios e importantes responderam mais duramente que os cidadãos comuns:

— Que novidade infeliz é essa que você menciona? Que essa pobreza que você busca pertença unicamente a você. Quanto a nós, o que nos importa é gozar as delícias da vida, sermos ricos e poderosos. A vida é curta, o tédio nos ronda e o fim do homem é doloroso. Vamos nos alegrar com aquilo que a sabedoria e o poder que possuímos nos proporcionam.

Busca no campo

Dirigindo-se ao campo, Francisco viu dois velhos trabalhando.

Seus olhos eram brilhantes e o som de sua voz, quando trocavam algumas palavras em meio ao trabalho, era doce como o murmúrio de um regato, fluindo na paz da planície.

Um deles, enquanto limpava com um trapo o suor que brotava de sua testa, disse:

— Nada trouxemos quando viemos a este mundo e nada dele levaremos, a não ser o amor que demonstrarmos.

Passado algum tempo, o outro velho, parando um momento, viu a posição do sol e, estendendo o olhar pelo campo, disse:

— A hora do almoço se aproxima, preciso encontrar um pobrezinho para compartilhar o pão que trago no alforje e a água fresca que carrego nesta moringa.

Francisco, ouvindo-os, encheu-se de esperança e repetiu mais uma vez sua pergunta:

— Vocês sabem onde encontro a amada da minha alma, a Santa Pobreza?

— Bom irmão, trabalhamos o campo de Nosso Senhor há algum tempo, e frequentemente vemos a bela Pobreza; ela vem até nós para nos proteger, ou para nos oferecer oportunidades para enriquecermos nossos corações.

— Por vezes vem só, de outras vem acompanhada de suas belas filhas, há ocasiões em que nos manda alguma de suas filhas nos socorrerem. O outro velho completou:

— Ela caminha despida, sem joias, nem adereços, mas tem uma beleza profunda. É mais alegre ir até ela, do que esperar que venha até nós.

— Para encontrá-la no seu coração, você terá que subir ao alto da montanha onde ela reside, acima das nuvens da ilusão, num pico banhado pela luz do sol.

— Ela é benigna e facilmente visível pelos que a amam; se você buscá-la a achará; se você bater à sua porta, ela a abrirá para você.

A escalada da montanha é muito difícil para um homem só, a trilha é estreita, pedregosa e íngreme; você precisará de companheiros.

Francisco, sentindo-se amado por aqueles trabalhadores, não mais querendo dispor do tempo deles, pois o campo que tinham de cultivar era enorme e eles eram poucos, resolveu partir imediatamente, e abraçando-os disse:

— Vou ao encontro de minha amada, mas voltarei com outros e trabalharei ao lado de vocês.

A escalada

Francisco então elevou sua voz ao Senhor pedindo que enviasse companheiros para a escalada.

Deus o ouviu e enviou companheiros para que ele não estivesse só na subida da montanha.

Francisco e seus companheiros despiram suas roupas de festa; tiraram dos ombros o peso do pecado, que é a culpa; não olharam para trás, iniciando a escalada com o coração leve e a alma livre.

Francisco se abaixava, alguns companheiros subiam então às suas costas alcançando lugares mais altos, depois estendiam as mãos para ele também subir.

Outros companheiros não precisavam dos pés para caminhar, voavam como pássaros e, estando no alto, vendo a montanha de forma mais abrangente, davam conselhos sobre o melhor caminho, avisavam de perigos e, se alguém caía, eles rapidamente amparavam o caído, evitando que as quedas tivessem consequências mais funestas.

E com esperança e perseverança, com orações e esforço, foram subindo a montanha; quanto mais subiam, mais perto do céu ficavam; a sua sabedoria via mais longe, suas mãos calejadas tinham mais força, o ar era mais leve e suas vibrações mais puras.

O encontro

Como subissem com alegria, cantavam como um bando de pássaros. Chegando perto do cume, a Senhora Pobreza os ouviu e veio ao seu encontro, e disse:

— Por que vieram? Por que com tanta pressa? Por que abandonaram a prisão e a sombra e buscam a liberdade e a luz? Por que desejam encontrar-me? Sou pobrezinha, nada tenho de meu, não tenho lacaios para servi-los, nem propriedades para abrigá-los, nem títulos, que lhes deem poder sobre outros homens. A maioria foge de mim e daria a própria vida para não ficar ao meu lado.

Prostraram-se todos perante a Santa Pobreza e Francisco, falando em seu nome e dos companheiros, disse:

— Ouvimos dizer que você é a rainha das virtudes e a grande inimiga dos vícios, por isso pedimos que nos leve até o Rei da Glória. Você que acompanhou o Nosso Senhor desde o Seu nascimento até Sua morte, seja também nossa companheira e guardiã na caminhada até Ele. É certo que muitos a detestam e estando com você seremos desprezados por muitos. Mas é igualmente certo que os anjos do Céu a amam e, sem você, não encontraremos Deus, nem o amor, e somente por meio do amor a Deus e às criaturas teremos a alegria e a felicidade. Por isso, Senhora, tenha compaixão de nós e marca-nos com o seu sinal.

A Santa Pobreza, com o coração alegre, transbordando num suave sorriso, respondeu com sua voz doce:

— Confesso que ao os ouvir falar, irmãos e amigos, fiquei cheia de alegria conhecendo o seu santo propósito. Ao lembrarem-me que o Senhor tomou-me por sua irmã amada, enterneceram meu coração.

Tendo presente, no entanto, que a compreensão dilata o sentimento, vou falar a vocês sobre mim para melhor me conhecerem.

As filhas

Não sou estéril, tenho filhas, algumas tão belas quanto eu e outras mais belas ainda, vou chamá-las e apresentá-las.

E bateu palmas, chamando suas filhas.

Elas vieram, irradiando uma beleza sem par, herdada da mãe, e a Santa pobreza foi declinando seus nomes:

— Humildade, Simplicidade, Modéstia, Prudência, Pureza, Resignação, Diligência, Despojamento, Honestidade... E muitas outras cujos nomes os homens ignoram, e por último apresentou a mais bela de todas: a Caridade.

A cada uma que se apresentava, Francisco e seus companheiros batiam palmas de alegria e balbuciavam, como crianças, palavras de admiração:

— Oh! Como são lindas! Feliz será aquele que obedecê-las!

Como são admiráveis! Eis as obras-primas de Deus!...

E a Santa Pobreza, ao final das apresentações, concluiu:

Ao abrirem seu coração para mim, as minhas filhas entrarão comigo em suas almas.

História

Para que me compreendam, será útil também conhecerem minha história:

Deus, no sexto dia, criou o homem, do barro da terra, para que ficasse claro ao homem, ao contemplar seu corpo, que ele era irmão das demais criaturas, tendo natureza semelhante às delas.

O Bom Deus também determinou ao homem presidir sobre as demais criaturas, tendo poder sobre elas.

Com isso, o Criador Supremo desejava que o homem, com sua inteligência e seu amor, servisse às criaturas, harmonizando-as e protegendo-as, assim como elas o serviriam, num convívio amoroso e honesto.

Deu-lhe também uma companheira, a mulher, para que a amasse e fosse amado pela sua esposa e procriasse, igualmente amando e sendo amado por seus filhos.

O homem era pobre, pois nada possuía, nem a veste do corpo, andava nu. Era feliz porque estava cercado de amor e o amor brotava de seu coração.

Possuir para que, se gozava da presença de Deus, se servia e era servido pelas demais criaturas? Era feliz tendo-me ao seu lado todas as horas do dia e da noite, não se envergonhava de mim.

Servia às plantas, semeando-as, regando-as e cuidando delas e as plantas por sua vez o serviam, oferecendo-lhe suas folhas, frutos e flores.

Zelava pelos animais, conduzindo-os, alimentando-os, abrigando-os e eles o serviam, oferecendo sua lã e seu leite.

Outras criaturas nada pediam, como o Sol, que pela manhã ofertava sua luz e à noite delicadamente se ocultava para que o homem contemplasse a estrelas e repousasse em paz; e o homem, nada tendo a oferecer ao Sol, oferecia sua gratidão ao Pai Generoso que criara o Sol.

A queda

Porém o homem era livre, o Pai Amoroso lhe alertara que nada possuísse para si, principalmente o conhecimento, simbolizado na fruta da árvore da ciência do bem e do mal.

Mas o homem, movido por um mau sentimento, pensou: possuindo o conhecimento e não o repartindo, o porei a meu serviço, ele me pertencerá e por intermédio dele terei a posse das outras criaturas e estarei no centro do universo, como Deus.

Ele e sua companheira tiveram essa primeira posse, me expulsando do seu lado. No mesmo instante se envergonharam de estarem nus e desejaram possuir vestes.

E teceram algumas vestes de folhas, e procuraram igualmente ocultar Deus de seus olhos, pois Deus os incitava ao amor e eles preferiam a posse.

Sem a minha proteção, o homem entregou-se ao orgulho e ao egoísmo, e passou a pensar na sua loucura:

Para que fazer amigos se posso ter escravos?

Para que trabalhar e servir, se posso tomar dos outros?

Para que amar a minha mulher se posso tê-la, obrigando-a a obedecer aos meus caprichos, ameaçando-a com violências e crueldades, posto que tenho mais força física do que ela?

E aliou-se à cobiça e à avareza, à ira e à arrogância... E o medo passou a ser seu Senhor, pois aquele que possui tem medo de perder.

Passou a considerar a irmã morte corporal sua maior inimiga, pois ela lhe tiraria a posse dos bens materiais.

E assim o homem sofredor, longe de mim, e da minha proteção, transformou o paraíso em que vivia num inferno de disputas, ambição e cobiça.

E na sua loucura me atribuía toda a sua infelicidade, quando a sua infelicidade nascia pelo fato de ter-me abandonado.

O dinheiro

E Deus deu-lhe a bênção do dinheiro; por meio do dinheiro, os dons materiais circulariam entre todos, beneficiando a todos.

Que o homem recebesse esse dom como uma manifestação da divina abundância e o passasse aos outros como uma mensagem do divino amor, com o coração pleno de gratidão por Deus lhe ter suprido as necessidades e lhe dar o poder de suprir as necessidades dos outros.

Porém o homem, embriagado pela posse, desvirtuou esse dom, tornando o dinheiro inútil: ora guardando-o pela avareza, ora desperdiçando-o pela prodigalidade.

Os avisos

Mas Deus não o esqueceu e enviava-lhe homens que ensinavam como voltar a ser o irmão de todas as criaturas, nada possuindo e a tudo amando.

Mas o homem, transtornado, tratava mal os enviados de Deus e por vezes os matava.

Nosso Senhor

E Deus enviou Nosso Senhor Jesus, o Cristo.

Jesus nasceu de pais pobres, numa manjedoura, sem possuir nada.

Durante toda a sua vida não possuiu uma pedra sequer para repousar a cabeça. Jesus teve-me sempre ao seu lado.

E era belo, espalhava o consolo e a alegria às criaturas; mesmo as não animadas pela vida o obedeciam de forma prestativa.

Sem nada possuir, curava, alimentava, aquecia os corações e distribuía bênçãos em abundância.

Mas um dos apóstolos me detestava e, entregando-se à cobiça pela posse de trinta moedas, o traiu.

E os sacerdotes, os doutores, achando que eram donos do conhecimento, senhores das mentes, e por isso superiores, não suportavam aquele que me amava e dizia ser pobre de espírito e afirmava que toda luz, todo saber vem de Deus e se derrama sobre todas as criaturas.

E os sacerdotes e doutores, sentindo sua posse de conhecimento ser questionada, se enfureceram e se uniram para matá-lo e assim fizeram com grande crueldade.

Mas a morte não tirou nada do Senhor Jesus, por que ele nada possuía. Mas a morte revelou novamente a sua luz, de forma mais intensa que a sua vida carnal já havia mostrado.

Os seguidores.

Porém muitos o seguiram, e seguindo me abraçaram e eu, a pobreza, andava com eles.

Estava com sua mãe, na choupana em Éfeso, Ela, Maria, que era pobre, acolhia os pobres e distribuía a afeição maternal e a obediência à vontade Deus.

Acompanhei Paulo, o apóstolo, nas suas caminhadas, nas suas privações e no cárcere, e dei-lhe forças quando, por vezes enfraquecido, manejava seu pesado tear, produzindo tecidos rústicos, louvando o trabalho.

Estava abraçada aos mártires que penetravam os circos, confortando-se nos hinos que cantavam em louvor ao Altíssimo.

Mandava a minha filha, a doce Resignação, dormir com os escravos, transmitindo-lhes a esperança e a paz no Reino dos Céus.

A nova queda

Porém, com o tempo, picados pela cobiça, os que se diziam cristãos me expulsaram de sua presença e sem a minha proteção, escravizados pelos meus inimigos, afivelam ao rosto máscaras hipócritas de risos e vitória, enquanto são chicoteados pelos meus inimigos: a cobiça, a avareza, a arrogância, a inveja, a preguiça, a ganância... E seu coração sangra num inferno de tormentos e pânico.

Os novos enviados

Mas Deus, compadecido, continua enviando seus mensageiros, exortando aos homens novamente me amarem; viverem ao meu lado, colhendo os frutos da alegria verdadeira no amor e na paz.

Conclusão

Ditas essas palavras, a Santa Pobreza desceu até Francisco, abraçou-o e disse.

— Jamais me separarei de você, e ao longo dos séculos você será chamado de "O Pobrezinho". E, aqueles que o seguirem, também me terão ao seu lado, eu os protegerei dos males do mundo e os conduzirei ao Reino dos Céus.

E Francisco e seus seguidores desceram a montanha, cantando e dançando como crianças, e voltaram ao campo do Senhor abraçados à Santa Pobreza, para calejar suas mãos no trabalho, cansarem seus pés nas longas caminhadas, muitas vezes chorando com os que sofrem, mas proclamando por toda a parte a alegria de viver e a bondade de Deus, que em toda circunstância, inclusive nas mais sofridas, tudo provê para que alcancemos a felicidade, a paz, a luz.[3]

[3] Esse texto foi redigido após ter lido o *Sacrum Commercium*, texto de autor anônimo, do século XIV.

Retomando a história

Voltemos ao ponto da história, onde a interrompemos para apresentar a alegoria sobre a união de Francisco com a Santa Pobreza.

Nos primeiros tempos de sua conversão, tornou-se mais clara para Francisco a situação lamentável em que se encontrava a sociedade que o cercava, movida pela ambição, instigando a violência e pela ignorância e crendices a sufocarem o Evangelho do amor.

Concluiu que, perante situação tão grave, não havia tempo a perder, urgia fazer alguma coisa.

Nesse estado de espírito, passando um dia pela Igreja de São Damião, construção muito antiga, já em ruínas, ajoelhou-se perante um altar, onde havia uma imagem de Jesus Crucificado, e passou a orar.

Pareceu-lhe que a imagem movia os lábios e nitidamente ouviu uma voz inesquecível, que entendeu ser de Jesus, dizendo-lhe:

— Francisco, vai e repara a minha Igreja que está em ruínas.

Uma sensação de inefável bem-estar o invadiu, sentia uma alegria imensa e profunda, seu corpo todo tremia, enquanto sua alma se iluminava.

Saiu dali, foi para sua casa, apanhou coisas de valor, principalmente tecidos finos, arreou seu cavalo e, em posse daquelas mercadorias, partiu veloz para a cidade de Foligno, a cerca de 15 km de Assis.

Lá chegando, hábil mercador que era, vendeu todas as mercadorias, inclusive o cavalo, e voltou para a Igreja de São Damião.

Entrando no edifício em ruínas, procurou o sacerdote responsável pela igreja, homem muito pobre, posto as rendas daquela igreja serem quase nulas.

Abraçou-o afetuosamente, beijou as suas mãos humildemente, deu-lhe o dinheiro que levava e explicou o que queria: reparar o edifício da igreja de São Damião.

O sacerdote ficou espantado, pois sabia da reputação de Francisco, de moço rico e fútil, preocupado com roupas e jantares, e não acreditou que falasse a sério.

Entendendo que o gesto do jovem fosse mais uma de suas loucuras, não aceitou o dinheiro.

Francisco insistiu teimosamente, tentando convencer o sacerdote a aceitar, dizendo, inclusive, que desejava viver ali para trabalhar na reconstrução.

Por fim, o sacerdote concordou que morasse ali, mas não aceitou o dinheiro.

Francisco jogou o dinheiro num canto da igreja.

Esse primeiro acontecimento nos parece emblemático resumindo a vida de Francisco.

Uma das consequências de sua vida seria a reforma da Igreja Romana simbolizada na igreja de São Damião.

O dinheiro que Francisco trazia eram os valores da humildade e do desapego aos bens terrestres.

A recusa do sacerdote simboliza a recusa da Igreja de Roma em aceitar a humildade e o desprendimento, exemplificados por Francisco, visto que o orgulho e a ambição eram seus principais problemas.

O sacerdote, permitindo a Francisco morar na igreja de São Damião, é bem o paralelo da Igreja Romana permitindo a Francisco e aos seus seguidores, franciscanos e clarissas, abrigarem-se na sua organização para levarem, a partir daí, a humildade, o desprendimento, o amor a Deus a muitas criaturas.

A ação de franciscanos e clarissas a partir da Igreja de Roma, naqueles tempos de forte decadência moral do clero, se nos afigura como um farol, que construído sobre perigoso rochedo, lança com sua luz orientação e esperança ao navegante perdido em mar sombrio e tormentoso.

Incompreensão dos parentes e dos antigos amigos

Francisco passou a morar na igreja de São Damião.

Seu pai, Pietro Bernardone, procurava o filho, pois não sabia onde estava.

Quando descobriu que o filho estava morando numa igreja, desprezando todos os valores materiais, sua posição social e seu futuro como comerciante, sentiu uma dor profunda.

Sua dor nascia do desprezo do filho pelos valores a que ele, Pietro, dedicara a sua vida: a consideração humana e o dinheiro.

No fundo, a atitude do filho revelava que o valor que Pietro se atribuía, ser rico, era uma ilusão. Na realidade, Pietro, ignorando os valores do coração, era apenas um "fracassado rico"; sobrevindo a morte ou, antes dela, se alguma reviravolta lhe retirasse os bens, sobraria para Pietro apenas o "fracassado".

Não suportando admitir o seu erro, investiu contra aquele que, conquanto indiretamente, apontava o seu engano.

Pietro, reuniu alguns amigos e partiu em busca do filho.

Francisco, porém, sabendo das ameaças do pai e pressentindo sua chegada, ocultou-se numa cova secreta, conhecida apenas por um amigo, que lhe levava algum alimento e da qual saía apenas para fazer suas necessidades fisiológicas.

Aproveitava esse tempo para fazer suas orações, confiando-se a Deus e pedindo que Deus lhe permitisse realizar os seus santos ideais.

Curiosamente, mesmo naquele buraco desconfortável, mal alimentado, no escuro, sentia uma alegria indizível.

Isso acontecia por sentir no seu coração o amor infinito de Deus.

Passado um mês, fortalecido na fé, Francisco saiu do esconderijo, alegre e entusiasmado e rumou para cidade de Assis.

Vendo-o, aqueles que o conheciam, lembrando o moço que fora, e o peregrino que agora se apresentava, o ridicularizavam e o insultavam:

— Louco! Demente! Não tem vergonha de se apresentar como mendigo? Vergonha da família!...

Alguns lhe ativaram pedras, lama e excrementos de animais.

Francisco, despido de toda arrogância, apoiado na humildade e na paciência, se fazia surdo a tudo aquilo, sem se ofender ou se abater, agradecia a Deus por prová-lo. Recordava Jesus na sua derradeira caminhada com a cruz às costas, e ele, perto de Jesus, todo pureza e poder, quem era? Que eram aqueles apupos e ferimentos, perto da dor augusta do Mestre?

Porém o tumulto que provocou chegou aos ouvidos do pai.

Pietro Bernardone, localizando-o, sem nenhuma consideração o arrastou aos bofetões e pontapés para sua casa.

Prendeu-o num cômodo escuro, sem janelas, inicialmente tentou persuadi-lo com palavras para que abandonasse suas ideias e voltasse a ser o jovem mundano que era.

Não tendo sucesso, algemou-o e passou a chicoteá-lo regularmente, procurando vencê-lo por meio das torturas corporais e psicológicas.

Seu irmão aprovava os atos do pai e o amaldiçoava com frequência junto a outras pessoas.

Porém, se aquelas provações o enfraqueciam fisicamente, espiritualmente ele se fortalecia, aceitando a vontade de Deus e perdoando o pai, prisioneiro dos próprios enganos e fraquezas.

Não amaldiçoou o pai nem em palavras, nem em pensamentos; continuou a amá-lo.

Porém o pai precisou afastar-se em suas frequentes viagens comerciais, comprando e vendendo tecidos.

A mãe, no entanto, não aprovava o procedimento do marido, dirigiu-se ao filho com palavras ternas, para que desistisse de seus ideais.

Percebendo, porém, a firmeza de Francisco face às suas concepções de desprendimento dos bens materiais, humildade, amor a Deus e ao próximo, desatou as correntes, abriu a porta da cela onde estava preso e deixou-o partir.

Francisco voltou para a igreja de São Damião.

Logo após a libertação de Francisco, Pietro Bernardone regressou de sua viagem.

Transtornado com a partida do filho, repreendeu a esposa com muitos gritos e partiu enlouquecido em busca de Francisco, decidido a expulsá-lo da região, caso não conseguisse trazê-lo de volta.

Vendo que seu pai chegava, Francisco foi alegre e seguro ao seu encontro.

Explicou-lhe com bondade e clareza que cárceres e castigos nada significavam. Suportaria qualquer sofrimento por amor a Jesus.

Lembrando-se do dinheiro que tinha ganhado e que o sacerdote não havia aceitado, entregou-o ao pai.

Pietro, recebendo aquelas moedas, acalmou-se, pois para o pobre homem, atormentado pelo vício da avareza, qualquer dinheiro que ganhasse era para ele como um copo de vinho embriagador para o alcoólatra, acalmando o vício por algum tempo.

O pai foi embora, mais tarde manifestou o desejo de que Francisco renunciasse à herança e todos os seus bens fossem revertidos a ele.

Francisco, sabendo disso, apresentou-se ao bispo de imediato e formalizou a doação de todos os seus bens ao pai e a renúncia a qualquer herança, inclusive tirando as suas vestes, para que fossem devolvidas ao pai.

Estando vestido apenas com o calção, o bispo, compadecido, tomou de um manto e envolveu o jovem.

Conseguindo alguns andrajos, Francisco devolveu o manto ao bispo e saiu dali.

Vendo-o com andrajos, seu irmão carnal o ridicularizava, pois era inverno.

Em todos esses episódios Francisco teve ao seu lado a Santa Paciência, como posteriormente ele a descreveria:

Bem-aventurado o homem que suporta o seu próximo com suas fraquezas tanto quanto quisera ser suportado por ele se estivesse na mesma situação.

Bem-aventurado o servo que restitui todos os seus bens ao Senhor seu Deus; porquanto quem retém para si alguma coisa "esconde o dinheiro do seu amo" (Mt 25,18), e "o que julgava possuir lhe será tirado" (Lc 8,18).

(Francisco de Assis – Admoestações Cap 18).

Em nenhum momento Francisco amaldiçoou o pai ou o irmão, fosse em palavras, fosse em pensamentos. Sempre os incluiu em suas orações e em seu amor, compadecido de seus enganos e ilusões, vivenciando os mandamentos de Jesus:

"Amem seus inimigos", "Orem por aqueles que os perseguem e caluniam" e "Honra seu pai e sua mãe".

Algumas andanças

Vestido de andrajos, Francisco sentia uma alegria imensa, uma sensação profunda de liberdade o envolvia.

Para expressar sua alegria e seu amor a Deus e às criaturas, veio-lhe o ímpeto de cantar em Francês.

Caminhando alegre e cantando seus louvores a Deus, passou por um bosque.

Alguns ladrões que ali estavam decidiram assaltá-lo.

Perguntaram-lhe brutalmente:

— Quem você é?

Francisco respondeu alegre e sereno:

— Sou o arauto do Grande Rei. No que isso os interessa?

Como nada possuísse, bateram nele e o jogaram numa fossa cheia de neve, dizendo:

— Fica aí, pobre arauto de Deus.

Francisco esperou que os assaltantes partissem, saiu da fossa sacudindo a neve e voltou a cantar alegremente o amor que sentia pelo Criador e pelas criaturas.

Chegando a um mosteiro, passou muitos dias na cozinha como servente, vestindo apenas uma túnica esfarrapada.

Tinha vontade de tomar um caldo, mas os monges não tiveram pena dele, pediu alguma roupa velha, mas não lhe deram.

Tempo depois, quando sua fama de homem de Deus se espalhou, o prior desse mosteiro o procurou para pedir-lhe perdão para si e para os outros monges.

Foi embora do mosteiro, movido não pela raiva ou mágoa, mas pela necessidade, chegou à cidade de Gúbio, onde encontrou um velho amigo que lhe deu uma túnica.

Saindo de Gúbio, foi parar num leprosário, onde auxiliava na higiene dos leprosos, lavando-lhes as chagas.

No tempo de sua vida de jovem mundano, tapava o nariz só por avistar cabanas de leprosos a duas milhas de distância, mas depois de descobrir o amor de Deus, encontrando-se com um leproso, dominou sua repulsa e, com sincero afeto, o beijou.

Após esses episódios, voltou para a igreja de São Damião para continuar na tarefa de sua reconstrução.

Misericórdia

A misericórdia é a virtude de amar os criminosos. Devemos trabalhar para extinguir o crime, não para eliminar o criminoso, mas para auxiliá-lo libertando-o do delito, de forma paralela a razão que nos manda lutar contra a doença, lutando a favor do doente.

A misericórdia é um requisito indispensável para cumprir o mandamento da lei de Deus que nos determina "amar o próximo como a nós mesmos"; pois nesse mundo de expiação e provas, praticamente todos nós, à exceção de espíritos missionários, somos, em alguma medida, criminosos.

Numa carta aos seus irmãos, frades menores, Francisco teceu as seguintes considerações sobre a misericórdia:

Nisto reconhecerei que amas verdadeiramente o Senhor e a mim, servo dele e teu, se fizeres o seguinte:

Não haja irmão no mundo, mesmo que tenha pecado a não poder mais, que após ver teus olhos, sinta-se obrigado a sair da tua presença sem obter misericórdia, se misericórdia buscou.

E se não buscar misericórdia, pergunta-lhe se não a quer receber.

E se depois, ele se apresentar ainda mil vezes diante dos teus olhos, ama-o mais do que a mim, procurando conquistá-lo para o Senhor.

E tem sempre piedade de tais irmãos.

Construindo um lar para um Espírito muito amado

Voltando à Igreja de São Damião, dedicou-se ao trabalho, reparando a igreja.

Porém não dispunha dos materiais necessários para a reconstrução.

Decidiu então esmolar, pedindo esses materiais de porta em porta.

Na primeira tentativa, ao chegar numa casa, onde à porta várias pessoas se divertiam, envergonhou-se de mendigar e se afastou.

Porém, ganhando forças na oração, o seu entendimento se abriu e viu a realidade das coisas a plena luz:

Muitos bens ganhos licitamente, atendendo aos preceitos sociais e legais, são furtos do ponto de vista moral: salários mal pagos, negócios injustos, apropriações indébitas, exploração da ignorância ou fraqueza de outras pessoas, direitos hereditários de origem escusa, agressões ao meio ambiente...

De outro, ao retirarmos o alimento da irmã terra, a água da irmã fonte, a luz do irmão sol, agindo como quem não tem, mas precisa, nos comportamos como assaltantes, mendigos insolentes ou pedintes humildes e responsáveis?

Isso que aqui descrevemos em palavras pobres, aparecia a Francisco como imagens belas, iluminadas pela luz fortíssima e ao mesmo tempo delicada e gentil do amor de Deus.

Ele via os crimes, onde o homem suga o suor, o tempo, o esforço de outro homem, através da luz da misericórdia divina, num halo de compaixão tanto pela vítima como pelo agressor, tudo sendo equilibrado pela meticulosa e abrangente justiça divina.

Tendo então esse entendimento divino, tomou a deliberação de esmolar, praticar esse exercício de profunda e radical humildade, pois na verdade é muito mais nobre pedir do que tomar ou surrupiar.

Era comum vê-lo esmolando em Assis, pedindo coisas para a reconstrução da igreja.

Sua alimentação era provida pelo sacerdote da igreja; refletindo, concluiu que isso não era justo, posto o sacerdote ser muito pobre. Tomou então a decisão de mendigar também o próprio alimento, recolhendo restos de comida em casas de pessoas piedosas.

Num primeiro momento, sentiu nojo daqueles restos de comida, mas animado pelo amor de Deus, passou a ver aqueles alimentos não na sua feição exterior, mas nas suas íntimas energias, produto das bênçãos da natureza e do trabalho daqueles que plantaram e colheram os grãos, daquelas mãos, muitas vezes calejadas e humildes que os cozinharam, daqueles corações que num gesto de solidariedade lhe deram.

Aquelas energias todas, onde as forças da natureza se conjugavam à inteligência, sentimento e trabalhos humanos, tornaram os alimentos belos e luminosos, e Francisco se alimentava deles saboreando a alegria e a gratidão que lhe transmitiam.

Porém não apenas pedia materiais e alimentos; dedicava-se com alegria e inteligência ao trabalho duro, consumindo a energia dos alimentos e empregando conscienciosamente os materiais. Esse trabalho intenso enrijeceu seu corpo, e deu um senso prático à sua inteligência, transformando-o de moço delicado em homem rude e objetivo.

Certo dia, trabalhando na reconstrução, foi tomado pelo Espírito e profetizou, falando em francês, que aquele lugar seria utilizado para abrigar senhoras dedicadas à vivência dos ensinamentos de Jesus.

Concluída a restauração da Igreja de São Damião, Francisco partiu dali.

O amor de Deus

É comum nos descendentes espirituais de Abraão (judeus, cristãos e muçulmanos) enunciarmos o mandamento maior:

"Amar a Deus sobre todas as coisas."

É igualmente corriqueiro recitarmos os atributos de Deus: único, onipotente, onipresente, todo sabedoria, justiça, misericórdia, bondade e providência.

Nós cristãos O definimos como: "Deus é luz", "Deus é amor".

No entanto, na maioria dos casos, tudo não passa de palavras, não há sentimentos profundos, consciência viva e atuante em nosso relacionamento com Deus.

Muita vez, confundimos amor com outra coisa.

O servo

Amo a Deus, pois a ele tudo pertence e Ele tudo pode me dar.

Esse é semelhante ao que diz:

— Amo meu patrão, pois ele me dá o salário, a casa em que vivo, o pão que como. E se perguntássemos:

O que você sentiria se o seu patrão ficasse pobre, ou o demitisse?

— Eu o esqueceria certamente, ou talvez o odiasse...

Se é desse modo que você ama a Deus, você, na verdade, não O ama, simplesmente deseja o que ele tem, ou seja, que você sente por Deus seria melhor denominado como "Egoísmo Servil". Embora não sendo amor, esse sentimento dá algum fruto: O temor de ofender a Deus e em consequência perder algo vantajoso.

O amante

Amo a Deus em virtude de suas perfeições: a sabedoria, o poder, a bondade.

Esse é semelhante ao que diz:

— Amo a minha amante, pois ela é bela, sensual, inteligente...

E se perguntássemos:

O que você sentiria se sua amante envelhecesse e não fosse mais tão bela, nem sensual, se sua memória e inteligência por vezes falhassem?

— Eu a esqueceria, talvez a odiasse...

Se é desse modo que você ama a Deus, você, na verdade, não O ama, simplesmente é atraído pelos seus dons. Ou seja, o que você sente por Deus seria melhor denominado como "Egoísmo Concupiscente". Embora não sendo amor, esse sentimento dá algum fruto: melhor que o egoísmo servil, esse sentimento já revela ter algum conhecimento dos atributos de Deus.

O Fraco

Amo a Deus, mas não vivo esse amor, pois é um amor impossível.

Esse é semelhante ao que diz:

Amo meu pai, mas as minhas horas estão todas comprometidas com inúmeras ocupações e não disponho de tempo para conviver com ele, de outro lado, também não tenho recursos disponíveis para dar-lhe, pois os gastos todos com minhas necessidades e nada lhe posso dar...

Se é desse modo que você ama a Deus, você, na verdade, não O ama, simplesmente desejaria amá-lo, um desejo imperfeito, porque não se realiza; mas já é um progresso com relação aos anteriores e seria melhor denominado como um "amor de esperança", porque no fundo da alma, já se prenuncia o nascimento de um sentimento verdadeiro.

O penitente

Amo a Deus, mas como esse amor me faz sofrer, como é penoso fazer sua vontade, estabelecer em mim seu reino.

Se é desse modo que você ama a Deus, isso significa um amor real, mas ainda em luta contra as forças do egoísmo. Seria melhor denominado como um "Amor de penitência", amor em prova, entremeado de expiações.

O amor triunfante

Amo a Deus e esse amor me enche de alegria.

Este é semelhante ao que diz:

— Gastei todo o meu dinheiro para dar uma boa profissão ao meu filho, que alegria sinto por ter feito esse investimento, pois hoje meu filho é muito feliz profissionalmente.

Se é desse modo que você ama a Deus, então esse amor pode ser adjetivado como puro amor.

Francisco e Clara sentiam por Deus o puro amor, o amor triunfante.

A onipresença de Deus não era uma simples reflexão, era senti-Lo profundamente, não apenas em si, mas em todas as criaturas.

É como alguém que tendo grande admiração por um pintor, estima igualmente todos os quadros assinados por aquele pintor.

Todas as criaturas têm a assinatura de Deus, quando dizemos "santificado seja o Seu nome", na oração do "Pai Nosso", estamos nos comprometendo a respeitar e amar todas as criaturas, em respeito ao seu criador.

Francisco não via Deus como uma pessoa, presente num dado lugar, mas como uma "energia" ou "fluido" que tudo penetra, que tudo alimenta, que tudo conduz, que tudo ilumina, que tudo ama...

A conexão

O fato de todas as criaturas terem a mesma origem e o mesmo sustentáculo, Deus, as torna irmãs e estabelece uma conexão entre todas elas. Estamos ligados aos anjos, aos animais, vegetais e mesmo aos minerais.

A conexão que tudo une é o amor, energia divina emanada do próprio Deus, penetrando todos os recantos e todos os seres do Universo ilimitado, sustentando astros imensos e flores pequeninas.

É o amor de Deus, esse hálito divino que alicerça todo impulso de solidariedade entre os homens.

Esse amor acalenta e vivifica cada criatura no estágio em que se encontra.

O verme é amado por Deus, que lhe concede milhares de séculos para sua evolução, tanto quanto o anjo que O representa perante o verme.

A árvore é lar para o pássaro indefeso, desferindo seu canto e alegrando com suas cores; bem como abriga a serpente com suas presas mortais, ambos, no entanto, servindo à harmonia e à paz que preside, sobranceira, a todos os destinos, acima dos transtornos provisórios.

Numa penitenciária o administrador e o detento respiram o mesmo ar, que lhes garante a vida em suas experiências diversas, mas convergindo ambas para a harmonia e a paz.

Para nós, Espíritos impuros, agarrados à matéria, vitimados pelo egoísmo e pelo orgulho, nos é difícil trafegar pelo amor de Deus e nos conectarmos com outras criaturas.

Para Francisco, no entanto, essa conexão era natural e quase espontânea; falando aos animais, plantas, e até mesmo às pedras, estabelecia essa conexão, sabendo e sentindo as rotas de cada um a se desenrolarem no oceano do amor de Deus.

Companheiros de estrada

Francisco vai pela estrada, uma minhoca, um tanto perdida, rasteja pela estrada exposta ao Sol. Dentro em breve estará morta pela desidratação provocada pelo calor solar.

Francisco vê aquele animalzinho, nos primeiros estágios da evolução, compadece-se dele, toma a minhoca com todo cuidado e a coloca sobre a terra úmida e sombreada.

Mais adiante, uma velhinha carrega um feixe de lenha na cabeça.

Por vezes a velhinha cambaleia.

Aproxima-se, educado e respeitoso:

— Bom dia! Com licença, minha senhora, permita-me, por favor, carregar esse feixe de lenha, para a senhora?

A velhinha para, fica surpresa com a oferta e com o tratamento respeitoso, nada responde por alguns segundos. Depois, caindo em si, fala:

— Sim, sim essa lenha está muito pesada, ou talvez sejam os anos que pesem.

A voz rouca é iluminada por um sorriso que brilha em sua face, apesar da tez enrugada e dos poucos dentes.

Francisco põe o feixe de lenha na cabeça e continua a caminhada, conversando com a velhinha.

Conta-lhe com vivas cores e sua voz forte, a história de uma velhinha, Ana, com 84 anos de idade.

Ana era muito devotada à oração e estava frequentemente no templo de Jerusalém

Quando Maria e José trouxeram o bebê Jesus ao templo para ser circuncidado, Ana estava no templo e ao ver o bebê Jesus nos braços de Maria, sua mãe, deu graças a Deus, proclamando a todos que ele era a redenção de Israel.

A fala de Francisco sobre esse episódio agrega mil emoções de alegria e esperança, o tempo passa veloz, e logo surge à beira da estrada a choupana da velhinha, que vivia ali com seu neto.

Francisco entrega a lenha e aqueles dois pobrezinhos se despedem, num clima de profunda afeição e simpatia.

A propósito do serviço, Francisco escreveu certa feita:

Nunca devemos aspirar a sobrepor-nos aos outros, mas, antes, sejamos por amor de Deus os servos e súditos de toda criatura humana.

Carta aos fiéis – Cap 10

Primeiros Seguidores

Havia em Assis um homem rico chamado Bernardo.

Vendo e ouvindo Francisco, foi despertado por íntimas reflexões e inspirações, e disse para si mesmo:

— Tudo o que possuo, não somente os vultosos bens materiais, mas também a vida, a compreensão, as afeições, as belezas naturais e espirituais, as virtudes, a alegria de viver, me foram dados por Deus. Mas o que eu devo dar a Deus?

Resolveu procurar Francisco para auxiliá-lo a responder essa pergunta.

Francisco buscou a resposta, fazendo uma prece e abrindo o Evangelho sem procurar nenhuma página em particular.

O Evangelho lhes ofereceu a seguinte passagem:

Um jovem rico procura Jesus, dizendo-lhe que cumpria os mandamentos, mas perguntava o que mais deveria fazer para alcançar o reino dos Céus. E Jesus lhe responde:

— Se queres ser perfeito, vai, vende o que tens, dá aos pobres e segue-me.

Na passagem, o jovem rico afasta-se cabisbaixo, pois tinha muitos bens e o seu amor aos bens materiais era maior que suas alegadas virtudes.

Ainda abrem o Evangelho mais três vezes, caindo as passagens:

"Nada levem para o caminho", "Quem quiser vir após mim renuncie a si mesmo", "Onde estiverem duas ou mais pessoas reunidas em meu nome, eu ali estarei"

E ali, na modesta Igreja de São Damião, Bernardo, sem titubear, toma a decisão sugerida por Jesus ao jovem rico: vai, vende seus bens, distribui o dinheiro entre os pobres e, não tendo nenhuma posse, renuncia a si mesmo, confia-se inteiramente ao amor a Deus e às suas criaturas. Associa-se a Francisco para certificar-se de que Jesus estaria com eles.

Outros seguem o mesmo caminho, procedendo de forma semelhante, abraçando a Santa Pobreza, confiando-se ao amor a Deus e às suas criaturas, e reunindo-se em nome de Jesus.

Pedacinho de Santa Maria

Partindo de São Damião, consta que Francisco trabalhou por breve tempo na reconstrução de outra igreja.

Porém foi avisado em sonhos que Maria, a mãe de Jesus, tinha especial preferência por uma igreja extremante humilde, num lugar chamado em italiano "Porciúncula[4]", em português "pedacinho", outrora conhecido por Santa Maria dos Anjos.

Para lá foi com seus primeiros companheiros, dois ou três, abrigando-se numa pequena choupana.

O local pertencia ao Mosteiro de São Bento localizado no monte Subásio.

Francisco dirigiu-se ao Mosteiro e pediu humildemente ao abade que lhe concedesse o uso do "Pedacinho de Santa Maria", no que foi atendido.

---

[4] Existe em português a palavra "porciúncula" diminutivo erudito de "porção" a semelhança de "homúnculo" diminutivo erudito de "homem". Preferimos traduzir como "pedacinho", posto que a forma erudita não combina com a simplicidade franciscana e "porçãozinha" é mais usada em português para alimentos.

Francisco tinha uma afeição filial por Maria, mãe de Jesus, e foi com grande alegria que se estabeleceu naquele lugar, pois ali se sentia próximo de Nossa Senhora e fortalecido por seu afeto maternal.

E o "Pedacinho da Santa Maria", como se expressava, passou a ser o centro de irradiação do seu trabalho missionário.

A Santa Maria, mãe de Nosso Salvador, era pobrezinha, seu amado e santo esposo, José, não conseguiu uma hospedaria para a esposa em trabalho de parto, e ela deu à luz numa estrebaria.

Nunca usou roupas caras, nem se adornou com joias, pois seu santo esposo José tinha as mãos calejadas no trabalho pesado.

Viúva, presenciou a morte de seu filho, numa cruz infamante, amparada por um adolescente, João, o único apóstolo que não desertou, e que Jesus lhe deu por filho, para amenizar sua solidão.

Passaria os últimos anos de sua vida, numa choupana, em Éfeso, hoje na Turquia, socorrendo os enfermos, os famintos de pão e ou de luz, seguindo os mandamentos de seu filho e sendo absolutamente fiel à vontade de Deus, cercada pelo tesouro mais precioso, o amor de Deus.

Não a imaginemos, portanto, em gigantescas edificações de pedra, em altares, com o olhar distante, vestida com roupas caras, ornamentando-se com ouro e pedras preciosas que ladrões roubam e as vítimas da cobiça e da avareza idolatram.

Vejamos a Senhora Santa com os olhos do Espírito, plena de compaixão e misericórdia, socorrendo seus filhos, que são a humanidade toda, notadamente os mais desditosos, nos lodaçais da angústia e do crime, nas paragens espirituais conhecidas como o "Vale dos Suicidas", nas regiões áridas sofrendo as provações da miséria, em hospitais e presídios, consolando mães desafortunadas e espalhando as bênçãos de seu amor.

Certamente ela estava presente, ao lado dos monges pobres, e velando, com carinho especial, o mais pobre dentre deles, o pobrezinho Francisco, aquecendo-o e sustendo-o com seu amor.

Por essas razões, Francisco dizia frequentemente:

— Aqui está a igreja predileta da Santa Maria, nossa Mãe Santíssima.

Francisco procurava manter no Pedacinho de Santa Maria um clima evangélico, assim, entre outras providências:

• **Combatia a maledicência:**

— O maledicente age como uma serpente que mata a vítima com o veneno de sua língua e depois se alimenta do seu sangue.

— O maledicente despoja o irmão de sua reputação, consequentemente é um roubo gravíssimo, pois a vítima terá grande dificuldade em reavê-la.

• Combatia o ócio:

Respeitados os intervalos dedicados à oração, todos deviam trabalhar, fazendo inclusive os trabalhos manuais: preparar a comida, cuidar da horta, lavar roupas e panelas eram atividades enobrecedoras para o Espírito, dizia:

— Quero que todos os irmãos trabalhem e estejam ocupados; os que não sabem, que aprendam algum ofício; não devemos ser onerosos para os outros; a língua e o coração não devem ficar vagando no ócio.

O lucro do trabalho, porém não ficava com quem o produzira, mas sim revertia para o bem comum.

• Exortava a prática constante da humildade:

— Bem-aventurado o servo (Mt 24,46) que não se envaidece com o bem que o Senhor diz e opera por meio dele mais do que com o que o Senhor diz e opera por meio de outrem.

Peca o homem que exige do seu semelhante mais do que ele mesmo daria de si ao Senhor seu Deus.

Como ele mesmo escreveria:

— Bem-aventurado o servo que, sendo louvado e exaltado pelos homens, não se considera melhor do que quando é tido por insignificante, simplório e desprezível.

Porque o homem vale o que é diante de Deus e nada mais.

— Bem-aventurado o servo que for achado tão humilde no meio de seus súditos como se estivesse no meio de seus senhores.

Feliz do servo que sempre permanece firme sob a vara da correção.

Resumindo

Encerrando este capítulo, transcrevemos a seguir um texto de Francisco onde oferece um precioso resumo das virtudes e suas consequências no convívio:

Onde há caridade e sabedoria, não há temor, nem ignorância.

Onde há paciência e humildade, não há ira nem perturbação.

Onde há pobreza com alegria, não há cobiça nem avareza.

Onde há serenidade e meditação, não há inquietação nem andar sem rumo.

Onde o reconhecimento do poder de Deus está guardando a casa, o inimigo não tem porta para entrar.

Onde há misericórdia e prudência, não há prodigalidade nem endurecimento.

Francisco de Assis – Admoestações Cap. 27

A preciosa aliada ombreia-se no trabalho

Havia em Assis uma moça; bela em Espírito, rica em virtude, tendo presente que o resumo de todas as virtudes é amar a Deus e ao próximo.

No entanto, a realidade do amor de Deus, o sentido profundo do evangelho de Jesus e a tarefa que deveria desempenhar a serviço de Jesus, não eram claras para ela.

A luz por vezes brilhava para ela, quando socorria um pobrezinho, ou enternecida pedia a Deus por um enfermo, ou ainda quando sua palavra se derramava consoladora na alma de uma serva, ou criado, que enfrentavam as duras provações.

Era de família abastada e nobre, materialmente falando, a maioria de seus parentes era dominada pela mentalidade mundana, valorizando as posses materiais e o poder, tendo nas suas almas exagerados orgulho e egoísmo.

Seu nome era Clara d'Offreducci, nome muito adequado, pois era uma pessoa verdadeiramente luminosa.

Francisco a conhecia, desde a infância e Clara, embora distante da sua vida de moço fútil, lhe inspirava profunda afeição, no que era correspondido.

Afeição que transcendia apetites carnais, nascendo de uma simpatia que tinha suas raízes no âmago de suas almas.

Descobrindo os tesouros espirituais, o sentido profundo do Evangelho, o valor do amor a Deus e às Suas criaturas, veio-lhe o desejo de compartilhar suas descobertas com Clara.

Porém os percalços e a instabilidade que se seguiram à sua conversão, o levaram a postergar esse momento.

Estabelecendo-se no "Pedacinho de Santa Maria", tendo já alguns companheiros na sua tarefa, considerou que era hora de procurar Clara e compartilhar com ela o caminho de felicidade que encontrara.

Assim o fez e, surpreendido, viu Clara compreendê-lo, mesmo antes de estender suas explicações. Ela registrava seus sentimentos e reflexões sobre Deus, Jesus e o que era necessário fazer para obedecer às divinas diretrizes, de modo quase imediato.

Ele pronunciava duas palavras e ela completava o seu pensamento, inclusive descerrando novos ângulos para ele. Isso ocorria porque Clara era uma extraordinária médium clarividente.

Tendo a experiência da reação de seu pai e de seus parentes no episódio de sua conversão, consideraram que a reação dos parentes de Clara seria muito semelhante.

O pai de Clara a considerava como um capital, que poderia lhe trazer mais dinheiro e poder, unindo-a pelo casamento a algum jovem de família poderosa e rica, cuja aliança ser-lhe-ia vantajosa em suas atividades políticas e econômicas.

Visão que era compartilhada por tios e irmãos, que agiam conforme os intensos preconceitos de gênero da época, entendendo a mulher como ser inferior, desprovido de inteligência, destinado a procriação e submissão.

Francisco e Clara passaram a encontrar-se secretamente. Clara saía discretamente, acompanhada de uma serva de confiança para encontrar-se com Francisco, onde se instruía no Evangelho de Jesus, e preparava-se para um casamento todo espiritual, onde pressentiam que teriam numerosos filhos, nascidos não carnalmente, mas espiritualmente, à semelhança de Abraão, que tendo carnalmente apenas dois filhos, teve como posteridade espiritual todos aqueles que creem no Deus Único, crença partilhada por judeus, cristão, muçulmanos...

Francisco e Clara teriam como posteridade espiritual não apenas os frades e freiras Franciscanos e Clarissas, mas também aqueles que buscam amar a Deus e às criaturas, com humildade e desprendimento.

Nesses encontros, o entendimento entre Clara e Francisco se acentuou; mesmo distantes fisicamente, trocavam suas energias sentimentais e ideias, num contínuo relacionamento telepático.

Sentindo a cada momento, um a presença do outro, jamais estavam sós.

A fuga

Considerando que Clara estava pronta, escolheram as festividades do Domingo de Ramos, para o seu rompimento com a vida mundana e o início das atividades espirituais.

No chamado Domingo de Ramos, os católicos relembram a entrada triunfal de Jesus em Jerusalém, onde foi recebido por grande multidão, que estendia ramos de palmeira por onde ele passava, em sinal de deferência e admiração.

Uma semana depois, tendo sido Jesus preso e colocada por Pilatos, governador romano, a escolha entre libertar Jesus ou Barrabás, um salteador vulgar; essa mesma multidão optou por soltar Barrabás.

Mas, voltando ao Domingo de Ramos, os católicos o comemoram no domingo anterior ao chamado Domingo de Páscoa.

No Domingo de Ramos, levam ramos às igrejas onde são abençoados pelos sacerdotes.

Clara participou, pela manhã, das festividades do Domingo de Ramos, vestida com roupas elegantes e joias, como era de hábito na sua família.

É noite, 21 horas, Clara está em seu quarto, a cama com dossel se impõe como móvel central.

Esplendidamente vestida, no vigor de seus 19 anos, ajoelhada à beira da cama, Clara ora silenciosamente, por vezes algumas lágrimas correm pelo seu rosto.

A sua expressão, embora de olhos fechados, revela uma série de emoções: lembra esses céus do crepúsculo que ostentam cores variadas, do laranja ao azul, que rapidamente se transformam com os movimentos do sol, mergulhando atrás das montanhas e com o vento que tange as nuvens.

A alegria, a determinação, a coragem e um profundo amor, são os reflexos mais comuns.

A criada, Giovanna, estremunha, levemente aborrecida, pois o sono está chegando e as preces de Clara estão estranhamente longas naquele dia.

Giovanna gostaria de estar dormindo na noite agradável, usufruindo da temperatura amena, mas gosta da Senhora, sempre gentil com os criados, e fica ao seu lado.

Clara finalmente termina suas orações; sua voz soa mais doce que o habitual:

— Giovanna, peço-lhe, por favor, me dá as roupas que você usa para os trabalhos mais pesados? Necessito delas e não tenho como pagá-la.

Giovanna fez uma expressão de surpresa, Clara fazia pedidos estranhos, como quando ela lhe trazia uma guloseima, ou uma fruta excepcionalmente bonita e Clara pedia-lhe:

— Giovanna, por favor, pegue de volta esta deliciosa fruta, procure um pobrezinho que esteja esmolando pelas ruas de Assis e dê a ele a fruta, dizendo-lhe que foi Nossa Senhora que lhe enviou.

Porém aquele pedido era muito estranho. O que Clara queria com suas roupas velhas? Mas simplesmente disse:

— Estou indo buscar, Senhora.

Voltando com as roupas, Clara dispensou seu auxílio e despiu suas roupas elegantes e finas, tirou cuidadosamente suas joias e a deixou sobre a cama.

A seguir, vestiu as roupas grosseiras e remendadas e disse a Giovanna, que olhava aquilo estupefata:

— Necessito fazer uma caminhada esta noite, a mais importante da minha vida; você, pelo amor de Deus, poderia me acompanhar?

Giovanna respondeu:

— Ah, minha senhora, como eu, sua criada, poderia negar-lhe algo, se desde que a senhora nasceu, desde que a tomei nos braços para o seu primeiro banho, senti um amor pela senhora, que é o único que aquece meu coração, uma pobre criada sem marido nem filhos.

Clara disse simplesmente:

— Vamos.

Atravessaram a casa silenciosamente e saíram por uma porta dos fundos.

A noite estava belíssima. Uma lua, em quarto crescente, derramava sua luz suave, que não empanava o brilho das estrelas, mas permitia caminhar com segurança.

Enquanto caminhavam, Clara falou-lhe:

— A partir desse momento, Giovanna, você não é mais minha criada. Você, a partir de agora, é minha mãe e minha irmã e minha filha. Durante alguns meses ficaremos separadas, mas quando Deus me abrigar numa casa, moraremos juntas e você me acompanhará até a sua morte.

Giovanna não entendeu aquelas palavras, mas ficou claro para ela que haveria uma separação temporária, mas que voltariam a ficar juntas. Um acesso de choro a envolveu, como se todo o amor que tinha por Clara viesse para seus olhos e se transformasse numa chuva.

As duas passaram, depois de algum tempo, a avistar algumas luzes.

Aproximando-se mais e viram que eram três archotes, conduzidos por Francisco e dois companheiros.

Encontraram-se em silêncio, em silêncio retomaram a caminhada em direção ao "Pedacinho de Santa Maria". A alegria profunda de Francisco e Clara se extravasava em lágrimas doces que lhes banhavam o rosto.

Caminhavam em Deus, e Deus estava presente na terra que pisavam, nas estrelas e na lua que iluminavam o céu, nas plantas floridas que margeavam a estrada, no ar que respiravam, no orvalho que descia suavemente, e principalmente em seus corações.

A Entrega

Chegados ao "Pedacinho de Santa Maria", dirigiram-se a uma pequena Choupana que Francisco e seus irmãos de ideal haviam construído.

Francisco, sorridente, pediu a Clara que se ajoelhasse.

Retirando o pano que envolvia seus cabelos, tomou-os nas mãos e os cortou com uma faca.

Novamente pôs o pano na cabeça de Clara.

Foi até a porta da choupana, o vento soprava suavemente.

Francisco estendeu os braços e o vento foi levando os cabelos dourados de Clara e os espalhando pelo chão e pelas plantas floridas. No entanto, reservou uma mecha, que posteriormente guardaria num bolso costurado pelo lado de dentro de sua túnica. Essa mecha o acompanharia até sua morte carnal.

A seguir, todos se ajoelharam, e Francisco disse a Clara

— Repita comigo: entrego o meu coração, o meu entendimento, a minha alma, ao amor de Cristo. Cumpra-se em mim a vontade do Senhor.

Clara repetiu com grande sentimento as palavras de Francisco.

A seguir, Francisco pediu que se levantasse e disse:

Em nome de Deus, eu a declaro: nossa mãe, nossa irmã, nossa filha e nossa esposa.

Estava encerrado o ato pelo qual Clara assumia a nova família.

Conversaram um pouco sobre o Evangelho, cantaram algumas canções que falavam do amor: a Deus, às criaturas, aos amigos e inimigos; oraram também por suas famílias carnais, especialmente pela família de Clara.

E foram dormir no chão, como era o costume de Francisco, abraçados à irmã e mãe terra.

E assim encerrou-se a noite naquele domingo, 18 de março de 1212.

Julgando que o "Pedacinho de Santa Maria" não era lugar adequado para a moradia de Clara, pela manhã, Francisco a levou para a igreja de São Paulo.

A incompreensão dos Parentes de Clara

No dia seguinte, os parentes de Clara inteiraram-se do ocorrido.

Enfurecidos, tomados de ódio, partiram para a igreja de São Paulo para a trazerem de volta.

Encontrando-a, o pai a castigou com impropérios e bofetadas.

A mãe implorava com conselhos e lágrimas.

Tentaram arrastá-la para fora da igreja, mas ela agarrou-se às toalhas do altar e, firme, sem choros e lamentações, mas humildemente mostrou a tonsura e disse-lhes que poderiam torturá-la e matá-la, mas não poderiam demovê-la da decisão de entregar-se totalmente ao Evangelho de Jesus.

Voltaram algumas vezes, mas sempre encontrando a mesma resistência.

O pai considerou que após todo aquele fato e por todas as histórias que corriam pela cidade, Clara pouco valeria no mercado de casamentos por interesse.

A mãe concluiu que a moça já sofrera bastante e não havia por que prosseguirem com aquelas humilhações.

E havia a resistência moral e inquebrantável da moça, perseverando com firmeza em suas orações.

Resolveram desistir e deixar Clara em paz.

A doce Inês

Terminados os confrontos com a família, Clara foi para a igreja de Santo Ângelo.

Clara tinha uma irmã mais jovem, Inês, a quem dedicava profunda afeição.

Irmã pela carne e também pelo Espírito, nutrindo as duas grande afinidade de gostos e ideais.

A separação da irmã foi dolorosa para Clara, e ela sabia que seria também muito dolorosa para a irmã.

Tão logo gozou de alguma paz, Clara rogou ao Senhor por Inês, que a irmã também pudesse compartilhar da prática da caridade e do amor de Deus, buscando os tesouros espirituais; que as duas pudessem estar juntas apoiando-se mutuamente.

Suas preces foram ouvidas e Inês veio até Clara, dezesseis dias após sua fuga.

Clara passou então a instruir Inês sobre o amor a Deus e ao próximo como alicerce e finalidade máxima da existência humana.

Porém os familiares de Clara e Inês descobriram que não haviam perdido uma, mas duas.

Reuniram-se doze homens da família, enfurecidos com a situação, e marcharam para Santo Ângelo.

Lá chegando, apresentaram-se, dizendo que vinham em paz, em busca de reconciliação.

Clara e Inês os receberam com prudente alegria.

Porem, após os cumprimentos, disseram a Inês:

— Por que veio a este lugar? Volte para casa conosco!

Inês respondeu serenamente:

— Não me separarei de minha irmã.

Um dos parentes lançou-se sobre ela a socos e pontapés, arrastando-a pelos cabelos, enquanto os outros levantavam seus braços e a empurravam. Inês implorava:

— Ajude-me, irmã querida, não deixe que me levem...

Clara, em lágrimas, ajoelhou-se em oração pedindo o socorro de mais alto. Que mais poderia fazer além de orar?

Os parentes foram arrastando Inês pela ladeira em frente à igreja, suas roupas foram sendo rasgadas; aquele que a puxava pelos cabelos com violência acabou arrancando algumas mechas.

E Clara, sentindo uma dor profunda, suplicava a Jesus pela irmã, que mantivesse a fé e suportasse com resignação os tormentos, como Ele ensinara.

No fim da ladeira havia um riacho; ao chegarem ao riacho, com Inês já desfalecida, ocorreu um fenômeno: o corpo de Inês tornou-se pesadíssimo, de forma que nem os doze homens juntos conseguiam movê-lo.

Algo assustados pelo acontecimento estranho, fizeram uma galhofa para afastar o medo:

— Deve ter passado toda a noite comendo chumbo para estar tão pesada.

Um tio paterno de Inês, senhor Monaldo, tentou então dar-lhe um soco no rosto já cheio de hematomas, mas foi impedido por dor atroz que atingiu sua mão já levantada. Segundo relatos, essa dor acompanhou Monaldo por várias semanas.

Temerosos e atônitos, deixaram Inês no chão, semidespida, e ficaram ali, sem saber o que fazer. Clara levantou-se, foi até lá e pediu que partissem.

Frustrados, com expressões amargas, montaram em seus cavalos e se foram.

Inês despertou de seu desmaio e foi conduzida para a igreja por Clara.

Francisco, avisado do sucedido, veio até Santo Ângelo e tonsurou Inês que, inexplicavelmente, se restabeleceu das agressões sofridas em poucos dias.

Finalmente o Lar

As duas irmãs, Clara e Inês, sentiram claramente que a igreja de Santo Ângelo não era o seu lugar.

Mudaram-se então para a velha Igreja de São Damião, a mesma que Francisco restaurara com o suor de seu rosto, com suas preces, e com sua humildade.

Ao chegarem, uma alegria doce e inefável invadiu seus corações e a certeza de que São Damião era o seu lar, e ali permaneceriam até sua morte.

Ali constituiria sua família, família igualmente de Francisco, congregando mulheres que quisessem dedicar-se a Jesus pelo caminho da Santa Pobreza, espiritual e material, iluminando suas vidas naqueles tempos escuros e tormentosos, com a prática da caridade cristã.

E a ela não faltariam necessitados, filhos do Calvário, enviados por Francisco e seus irmãos, notadamente enfermos, inclusive alguns leprosos.

A fama se espalhou. Ora era a mãe desesperada com as doenças do filho; outras vezes, a mulher rica atormentada por remorsos e desencontros familiares.

O velho que trabalhara a vida toda e, na velhice, fora furtado pelos próprios filhos que o relegaram à miséria. A quem ele buscaria? Quem o ouviria? Quem lhe diria palavras de consolo e orientação para suportar resignadamente suas dores? As respostas convergiam para Clara, virgem do ponto de vista carnal, mas dotada de um amor maternal ilimitado, e suas irmãs, que seguiam seu exemplo.

E a buscavam confiantes, pois Clara e suas irmãs viam Jesus, o pobrezinho, na pessoa do doente, do faminto, do desnudo, do perseguido, e certamente o acolheriam.

E não faltava o trabalho, alimentando aquelas doces senhoras, à semelhança do ensino de Jesus: "o meu alimento é fazer a vontade do meu Pai que está nos céus", e a firmeza de sua mãe Maria, afirmando: "Cumpra-se em mim a vontade do Senhor"; tanto nas horas felizes da anunciação, quanto nas dores da cruz.

E naqueles tempos de crimes, crueldade e desprezo pelo gênero feminino, outras mulheres, a quem chegavam as notícias da prática da caridade e da revivescência do Evangelho de Amor se animavam, e juntavam-se a Clara que as recebia como filhas queridas.

Francisco, nos primeiros tempos, era uma presença constante, com orientações e conselhos a Clara, tanto por visitas pessoais como por meio de cartas.

Porém, decorrido cerca de um ano, passou a manter certa distância.

O seu argumento para esse afastamento foi o seguinte: não deveria mais haver intermediários entre as Clarissas e Jesus.

Aquelas orientações constantes também poderiam acarretar uma espécie de veneração, que macularia o puro amor a Deus.

Clara concordou com a argumentação de Francisco com a docilidade e a serenidade que lhe eram próprias.

Ela sentia constantemente Francisco a seu lado, embora por vezes estivesse a centenas de quilômetros de distância e há meses sem vê-lo. Seria lícito dizer que Francisco vivia literalmente no coração de Clara.

A humildade amorosa de Clara

Clara, conquanto fosse a abadessa, gostava de servir as demais irmãs quando estavam à mesa.

Ao invés de concentrar-se apenas na administração do convento, participava, com alegria, das atividades mais rudes: lavando os doentes, suas cadeiras e roupas de cama.

Relembrando os ensinos de Jesus, quando as irmãs voltavam das longas caminhadas, ela se prontificava de bom grado a lavar-lhes e massagear-lhes os pés.

Certa feita, ao fazer isso com uma das serviçais, a simples freira, constrangida pela humildade da abadessa, retirou o pé com certa violência, dando um pontapé involuntário no rosto de Clara. Clara, amorosamente, retomou o pé da irmã, beijou-o e continuou sua tarefa.

Recordava frequentemente às irmãs que Jesus era pobrezinho, que teve por berço um cocho de animais, que as suas primeiras roupas foram paninhos havidos com muito sacrifício e amor por sua mãe e seu Pai, ambos pobrezinhos também.

Recebia com alegria pedaços de pão que os pobres lhe davam, por não disporem de pães inteiros.

Certa feita, chegada a hora da refeição, havia apenas um pão e cerca de cinquenta pessoas entre necessitados e freiras para serem alimentados.

Clara pediu a uma das freiras que cortasse o pão pela metade e, a seguir, enviasse uma metade ao "Pedacinho de Santa Maria" para Francisco e seus companheiros; a outra metade ela partisse em cinquenta fatias para dar uma fatia a cada um dos presentes.

A freira contestou, dizendo que aquilo só seria possível se Jesus estivesse presente, para multiplicar os pães.

Clara respondeu serenamente:

— Filha, tenha confiança, faça o que falei.

Estranhamente ao ser cortada a metade do pão não diminuía e cada pessoa recebeu uma porção generosa daquele pão.

De outra feita, o azeite no convento havia acabado; não havia sequer para atender aos doentes, pois era prática naquela época, além do seu uso culinário e para iluminação, utilizá-lo como remédio, sendo colocado nas feridas para aliviar as dores.

Clara tomou a vasilha vazia, onde guardavam azeite, lavou-a cuidadosamente e colocou-a fora.

A seguir, pediu a uma irmã que chamasse o frade encarregado de esmolar, que ele tomasse a vasilha e fosse atrás do azeite.

Chegando o frade, ao pegar a vasilha, percebeu que estava cheia e disse:

Por que fizeram essa brincadeira comigo? A vasilha está cheia de azeite.

Voltando ao "Pedacinho de Santa Maria"

Visões

Naqueles primórdios, estando Francisco no "Pedacinho de Santa Maria", pôs-se em oração e teve três visões:

Na primeira, viu uma grande multidão de homens e mulheres vindos até ele e querendo viver o mesmo gênero de vida. E naquela multidão que enchia caminhos e estradas, havia uma grande diversidade de nações e de línguas: franceses, espanhóis, ingleses, alemães…

Na segunda visão, eram-lhe oferecidos frutos: os primeiros eram muito saborosos e doces, os segundos de menos sabor e doçura, os últimos eram amargos, ácidos, intragáveis, apesar de se apresentarem belos e de agradável odor.

Na terceira visão, apresentava-se um pescador lançando suas redes; recolheu um grande número de peixes, que despejou em sua barca, mas não podendo levar todos, recolheu os maiores e melhores nos seus cestos e devolveu os outros peixes à água.

Tendo essas visões, compartilhou-as com seus irmãos, explicando:

A primeira visão significa que Deus nos fará crescer e irá propagar-nos até os confins da Terra por muitas nações e muitos optarão pelo nosso gênero de vida.

Ao ouvirem essa interpretação, os frades ficaram muito alegres e entusiasmados.

A segunda visão significa que, no início, os nossos trabalhos serão muito doces e agradáveis, depois menos doces, e no fim encontraremos grandes amarguras.

Teremos uma trajetória à semelhança da vida de Nosso Senhor, que no início de sua pregação anunciando as alegrias do reino dos céus, falando das bem-aventuranças, curando os enfermos e distribuindo os alimentos, recebeu o aplauso e o carinho da multidão.

Na segunda parte da sua pregação, falando da renúncia e do desprendimento necessário para se chegar ao reino dos Céus, inclusive dizendo claramente: "Quem quiser vir após mim, tome sua cruz e siga-me", mostrou o sabor menos doce dos trabalhos e sacrifícios para atingir o Reino dos Céus. Foi abandonado pela multidão, ficando ao seu lado apenas os discípulos mais fiéis. Ao fim, ocorrendo sua prisão, condenação e crucificação, mostrando o gosto amargo do testemunho máximo, apenas sua mãe e um apóstolo adolescente, João, estavam ao seu lado.

A terceira visão é que atrairemos muitos com a nossa mensagem, mas grande parte não estará disposta a seguir nossos exemplos e, admirando nossos ideais, mas não os vivendo, voltarão às ilusões do mundo, enquanto outros, ombreando-se conosco em nossos trabalhos e crenças, permanecerão conosco.

Ao ouvirem esta explicação, os frades ficaram pensativos e silenciosos.

Nova vestimenta

Francisco vestia-se com uma túnica, tendo uma correia de couro à cintura e sandálias aos pés, normalmente usava um bordão como auxílio para as longas caminhadas.

Certa feita, Francisco ouvia a leitura do Evangelho e caiu o texto em que Jesus, enviando seus apóstolos, os instruiu da seguinte forma:

— *Não ireis a caminho dos gentios, nem entreis nas cidades dos samaritanos, mas ide antes às ovelhas que pereceram da casa de Israel.*

E, pondo-se a caminho, pregai dizendo que está próximo o Reino dos Céus.

Curai os enfermos, ressuscitai os mortos, limpai os leprosos, expeli os demônios. Dai de graça o que de graça recebestes.

Não possuais nem ouro nem prata, nem dinheiro nas vossas cintas; nem alforje para o caminho, nem duas túnicas, nem calçado, nem bordão; porque digno é o trabalhador de seu alimento.

Ouvindo essas palavras, Francisco sente a presença do Espírito de Cristo e, nesse momento, sua alma ganha nova luz.

Mesmo exteriormente se modifica: põe de lado seu bordão, tira a correia de couro e as sandálias, cinge-se com uma corda e passa a andar descalço.

E assim se apresentaria pelo resto de sua vida.

Dúvidas

Conquanto a impressão funda, que o trecho do Evangelho citado acima havia gravado em sua alma, Francisco ainda estava numa grande dúvida, que expôs aos irmãos:

Devo dedicar-me a Deus no "Pedacinho de Santa Maria" ou devo ir de cidade em cidade anunciando o Evangelho de Jesus? Contra a minha ida de cidade em cidade está o argumento de que sou um homem pobrezinho e simples, sem eloquência. A favor está o fato de Nosso Senhor sair, indo de cidade em cidade, anunciando seu Evangelho e ordenando a seus discípulos fazerem o mesmo.

Após alguns dias nessa dúvida, não se envergonhando de pedir conselhos aos seus irmãos, fossem eles grandes ou pequenos, sábios ou simplórios, decidiu pedir uma orientação a Clara que poderia solicitar o concurso de uma de suas irmãs e a Silvestre.

Sobre Clara já falamos várias vezes neste livro; compete-nos agora apresentar Silvestre.

Silvestre fora um padre diocesano de Assis. Certa feita, Francisco comprou pedras dele para utilizá-las na reconstrução da Igreja de São Damião.

Algum tempo depois, quando Bernardo, abraçando os ideais de Francisco, decidiu vender seus bens e distribuí-los aos pobres, Silvestre, envolvido pela ganância, considerou que poderia ganhar mais dinheiro com a venda feita a Francisco.

Passou então a propalar que tinha feito um preço muito baixo, que Francisco não havia pago o preço justo, etc.

Francisco, sabendo disso, e concluindo que o veneno da avareza havia atingido o padre, foi procurá-lo, sorrindo, e deu-lhe mais dinheiro.

O padre Silvestre ficou contente com o dinheiro recebido, mas o fato o marcou.

Silvestre mergulhou em reflexões, concluindo que estava envelhecendo, algum dia teria que deixar o mundo e todos os seus bens. O que seria dele, apegado aos bens terrestres? De outro lado, aquele jovem, absolutamente desprendido, se morresse naquele dia, morreria feliz, pois não o dominava a posse de nenhum bem.

Observou também as obras de Francisco, vestindo os nus, alimentando os famintos, visitando os doentes... e considerou que eram muito mais valiosas que qualquer tesouro amoedado.

A essas reflexões acrescentou-se um sonho: sonhou que da boca de Francisco saía uma cruz de ouro cuja ponta tocava o céu e os braços abraçavam o mundo todo.

Tocado no fundo de seu coração, Silvestre decidiu abandonar tudo e unir-se a Francisco na sua Santa Pobreza e amor a Deus e às criaturas.

A partir daí, Silvestre passou a ter uma conduta exemplar e a ser respeitado por todos devido à sua correção e dedicação a Jesus.

Mas, voltando às dúvidas de Francisco, ele pediu a frei Masseo que fosse em busca de orientação a ser recebida de Silvestre e Clara.

Masseo primeiramente foi a Clara, que lhe pediu para voltar mais tarde a fim obter a resposta.

A seguir, dirigiu-se a frei Silvestre e expôs-lhe o pedido de Francisco.

Frei Silvestre imediatamente entrou em oração e recebeu uma inspiração que transmitiu a frei Masseo:

— Isso deves dizer a irmão Francisco: Deus não o chamou a este estado somente para si; mas para que ele obtenha frutos das almas e que muitos por ele sejam salvos.

Procurando novamente Clara, ela respondeu que, tendo solicitado o auxílio de uma irmã e tendo ambas pedido uma resposta a Jesus, as duas receberam em oração a mesma resposta que havia dado Frei Silvestre.

Masseo levou a resposta a Francisco que prontamente deu cumprimento à vontade de Jesus e passou a dedicar a maior parte de seu tempo à pregação, indo de cidade em cidade levando a mensagem de Jesus.

A aprovação da ordem

Estando no "Pedacinho de Santa Maria", quando o número de irmãos chegou a onze, Francisco, o duodécimo, considerou que estava na hora de obter a necessária autorização da Igreja Romana, a máxima autoridade, naquela época.

Os onze irmãos apoiaram a ideia.

Francisco redigiu então uma regra de vida bastante simples, apoiada no Evangelho e contendo algumas poucas coisas referentes à vida religiosa, de acordo com o estabelecido pela Igreja Romana.

Deu à sua comunidade o nome de Ordem dos Irmãos Menores em latim "Ordo Fratrum Minorum", passando então a ser conhecida pelas suas iniciais "OFM".

Dirigiram-se todos então a Roma.

Chegando a Roma, encontraram Guido, Bispo de Assis, que se propôs a auxiliá-los.

Por intermédio do Bispo chegaram ao Cardeal João de São Paulo que, tocado pelo perfume evangélico que se desprendia daqueles homens pobres e maltrapilhos, ofereceu-se como seu procurador na Cúria Romana.

O cardeal João de São Paulo os apresentou ao papa de então, Inocêncio III; cultivador da humildade e da obediência. Francisco, ajoelhado, prometeu ao Papa obediência e reverência.

Inocêncio III aprovou então, em caráter provisório, a regra que Francisco havia escrito.

Estando "legalizados", os onze voltaram ao "Pedacinho de Santa Maria".

Francisco partiu pelo mundo, percorrendo cidades e aldeias, cumprindo o mandamento de Jesus:

"Dizendo que está próximo o Reino dos Céus; curando os enfermos, ressuscitando os mortos, limpando os leprosos, expelindo os demônios. Dando de graça o que de graça recebestes."

A boa ação deve seguir a inteligência

Diz o Apóstolo: "A letra mata, mas o espírito vivifica" (2 Cor 3,6).

São mortos pela letra os que tão somente querem saber das palavras, a fim de parecer mais sábios que os outros e poder adquirir grandes riquezas e dá-las aos parentes e amigos.

São ainda mortos pela letra aqueles religiosos que não querem seguir o espírito das Sagradas Escrituras, mas só se esforçam por saber as palavras e interpretá-las aos outros.

São, porém, vivificados pelo espírito das Sagradas Escrituras aqueles que tratam de penetrar mais a fundo em cada letra que conhecem, nem atribuem o seu saber ao próprio eu, mas pela palavra e pelo exemplo o restituem a Deus, seu supremo Senhor, ao qual todo bem pertence.

Francisco de Assis,

Admoestações Cap. 7

O mendigo

Somos todos pecadores

É menos pior ser um pecador confesso, que um pecador hipócrita.

O pecador confesso perante a justiça divina é réu apenas dos pecados que cometeu; o pecador hipócrita, que com mentiras e fingimento oculta-se, acrescenta aos seus pecados mais um que é o pecado que comete mentindo e enganando.

Digo isso com naturalidade porque sou um pecador e, com o devido respeito e caridade com os que me leem, acho que exceção feita aos missionários que guiam a humanidade, todos o somos.

Francisco, mil vezes mais puro que qualquer um de nós, confessava-se pecador.

Assumir os próprios erros e imperfeições é um primeiro passo na direção do arrependimento e redenção.

Arrependimento e redenção são o caminho da verdadeira alegria, da verdadeira felicidade.

Ainda resta um argumento a favor da ocultação da condição de pecador: se eu admitir que sou um pecador, terei meu orgulho e minha vaidade feridos; por orgulho entendemos o sentimento de superioridade; por vaidade, a necessidade de ser valorizado pelos outros.

O orgulho, a vaidade, a ganância e outros vícios morais são algozes cruéis. Feridos, se enfraquecem; feridos repetidamente, morrem, libertando o Espírito de inúmeros grilhões que o faz sofrer; correntes em que de um lado está o orgulhoso e, ou o vaidoso e, de outro, obsessores cruéis que, devido a essas deficiências morais, os arrastam pelo espinheiro do sofrimento.

Concluindo: se temos a dor de sermos pecadores, tenhamos pelo menos o alívio de já sermos conscientes disso.

Somos todos pedintes

O impacto das palavras ditas acima serviu, espero, para apresentar outra verdade mais suave, mas que também se opõe ao orgulho e à vaidade.

Somos todos pedintes e dependentes da caridade de Deus e de outras criaturas.

Espíritos endividados, em múltiplas vidas, com enormes débitos com Deus e com outras criaturas, temos poucos créditos que os contrabalancem.

Dado o nosso saldo ser fortemente negativo perante a justiça divina, nada podendo exigir, nos resta pedir, implorar.

Alguns argumentarão:

— Eu não peço, eu pago e, portanto, exijo.

Uma primeira objeção é o que paga: pagou o corpo que ganhou ao nascer? Pagou o leite que bebeu? Pagou o ar que respirou? Pagou os gênios e os santos da humanidade que trouxeram os conhecimentos e os exemplos da virtude que utiliza? Esta lista poderia estender-se ao infinito.

A segunda objeção é o quanto pagou: as poucas moedas que pagou pela viagem no transporte coletivo e que remuneraram o motorista, os operários que fizeram as ruas, construíram o ônibus, os funcionários que deram segurança à via pública, foi uma remuneração justa? E o mesmo raciocínio estende-se a outros bens; se for honesto intelectualmente, concordará que na parcela que pagou, há muita exploração humana, danos ambientais, injustiças sociais que não foram pagas.

Compartilhar

Francisco sentia-se um ladrão, quando não compartilhava o que levava com alguém mais pobre que ele.

Estando na casa de Deus, que é o real dono de tudo e onde todos são igualmente filhos D'Ele, ter uma fatia maior enquanto o outro fica sem, é atitude de criança que furta o irmão menor, imaginando que a mãe não está vendo.

Certa feita, voltando da Cidade de Sena, caminhava por uma estrada ao lado de um frade.

Tendo encontrado um homem muito pobre, disse:

— Irmão, temos que devolver a capa a esse pobrezinho, porque é dele. Nós a recebemos por empréstimo até encontrarmos alguém mais pobre do que nós.

O frade, considerando a necessidade em que Francisco se encontrava, argumentou com veemência para que não ajudasse o outro às suas custas.

Mas Francisco retrucou:

— Não quero ser ladrão. Seria roubo, se não a déssemos ao que precisa mais.

O frade desistiu e ele deu a capa.

Pedir é muito melhor que explorar

Francisco considerava que o exercício de pedir esmolas é excelente para nos conscientizar de nossa condição de Espíritos endividados e pedintes.

Certa ocasião foi visitar o Bispo e Cardeal de Óstia, Hugolino, sobrinho do Papa Inocêncio III e futuro Papa Gregório IX.

Pouco antes da refeição, saiu do palácio episcopal para pedir esmolas.

Mesa já posta, com inúmeros pratos e iguarias, autoridades eclesiásticas e nobres cavaleiros brasonados sentados em seus lugares, com suas roupas finas.

Francisco entra e distribui os pedacinhos de pão que arrecadara pelas ruas.

Conquanto surpresos, os convivas aceitaram os pedacinhos de pão que lhes eram ofertados; alguns comeram e outros guardaram com respeito, como se fossem uma relíquia.

Ao fim da refeição o cardeal Hugolino levantou-se e, abraçando Francisco, compadecido de sua ingenuidade, lhe disse:

— Meu irmão, por que você me envergonhou perante meus convidados, nesta casa que é também sua, indo pedir esmolas?

Francisco respondeu:

— Ao contrário, eu o honrei, porque honrei o Senhor Maior. O Senhor Jesus gosta da pobreza, tendo sido sempre pobre neste mundo, e não despreza aquele que pede, pois afirmou: "Peça e lhe será dado". Tenho mais prazer numa mesa pobre, posta com poucas esmolas, do que nas grandiosas, em que não se consegue contar o número de pratos.

O Cardeal ficou emudecido por alguns instantes e depois, cedendo à autoridade moral que emanava de Francisco, respondeu apenas:

— Filho, continua fazendo o que te parece bom, porque Deus está contigo.

A motivação do pedido

Quando pedimos pelos outros, porque já lhes demos o que podíamos e não foi suficiente e não temos mais para satisfazer suas necessidades, isso é louvável; mas se pedimos para dar a outros, economizando o que temos, em outras palavras: quando para não atentar contra a própria avareza, recorremos ao desprendimento dos outros; isso é condenável.

Se, ao pedir pelos outros, reservamos parte do arrecado para nós a título de prestação de serviço, isso é fraude.

Se a mendicância tem o objetivo de substituir o trabalho honesto, isso é preguiça.

Vem-me à mente, nos dias de hoje, a Campanha Auta de Souza, promovida por inúmeros centros espíritas.

Os trabalhadores da campanha vão de porta em porta, normalmente nas manhãs de domingo, pedindo doações para auxílio aos mais necessitados.

O trabalho se alterna da seguinte forma: numa semana distribuem folhetos e mensagens explicitando seus objetivos; na semana seguinte fazem o mesmo itinerário da semana anterior recolhendo os eventuais donativos.

Por vezes sendo enxotados, por vezes sendo acolhidos; alguns doam, outros nem sequer abrem as portas. Os trabalhadores, em sua maioria, após algumas horas pedindo, sentem o coração leve e gratificado, independentemente do que conseguiram em sua mendicância.

Veneração

Francisco tinha verdadeiro horror em ser venerado.

Certa feita, estando em São Damião, foi muito instado por seu vigário a fazer um sermão para um grupo de senhoras.

As senhoras se reuniram como de costume, mas muito mais que ouvir a "palavra de Deus", desejavam ver e ouvir Francisco.

Francisco chegou ao recinto, entrou em prece, após o que pediu que lhe trouxessem cinza.

Fez ao seu redor um círculo de cinzas, em seguida lançou cinza sobre a própria cabeça, significando com esse gesto que ele não passava de cinza, de pó, de resíduo.

Salmo 51

Para melhor compreensão do episódio, vamos fazer uma pequena digressão expondo o contexto abordado pelo Salmo.

O Rei Davi, de Israel, apaixonou-se por Betsabá que era casada com Urias, um dos comandantes do exército de Israel.

Betsabá fica grávida de Davi.

Para resolver a situação, Davi trama e executa a morte de Urias. Davi casa-se então com Betsabá.

O profeta Natan comparece perante Davi pedindo justiça para o seguinte caso:

Havia um homem pobre, cuja única posse era uma ovelhinha.

Um homem muito rico, proprietário de vastos rebanhos, rouba a única ovelhinha do pobre homem e o mata.

A seguir, Natan pergunta qual o parecer do rei.

Davi, encolerizado, disse:

— Tão certo como Ihaweh vive, quem fez isso é digno de morte.

Natan diz, então:

O homem pobre é Urias, Betsabá a ovelhinha e tu, Davi, é o homem rico.

David cai então em si tomado de profundo arrependimento.

O sermão

Francisco, depois do episódio da cinza, passou a recitar o Salmo 51, com sua voz forte e musical.

Salmo *51*

Salmo de Davi. Quando o profeta Natan foi encontrá-lo após ele ter estado com Betsabá.

Tem piedade de mim, ó Deus, por teu amor!
Apaga minhas transgressões, por tua grande compaixão!
Lava-me inteiro da minha iniquidade!
E purifica-me do meu pecado!
Pois reconheço minhas transgressões
e diante de mim está sempre meu pecado;
pequei contra ti, contra ti somente,
pratiquei o que é mau aos teus olhos.
Tens razão, portanto, ao falar,
e tua vitória se manifesta ao julgar.
Eis que eu nasci na iniquidade,
minha mãe concebeu-me no pecado.
Eis que amas a verdade no fundo do ser,
e me ensinas a sabedoria no segredo.
Purifica meu pecado com o hissopo[5] *e ficarei puro,*
lava-me, e ficarei mais branco do que a neve.

[5] Hissopo = planta usada nas purificações.

Faz-me ouvir o júbilo e a alegria,
e dancem os ossos que esmagaste.
Esconde a face dos meus pecados
e apaga minhas iniquidades todas.
Ó Deus, cria em mim um coração puro
renova um espírito firme no meu peito;
não me rejeites para longe de Tua face,
não retires de mim Teu Santo Espírito.
Devolve-me o júbilo da tua salvação
e que um Espírito generoso me sustente.
Vou ensinar teus caminhos aos transgressores,
para que os pecadores voltem a ti.
Livra-me do sangue, ó Deus, meu Deus salvador,
e minha língua aclamará a tua justiça.
Ó Senhor, abre meus lábios,
e minha língua anunciará o teu louvor.
Pois tu não queres um sacrifício
e um holocausto não te agrada.
Sacrifício a Deus é um espírito contrito,
O coração esmagado e contrito, ó Deus, tu não o desprezas.
Faze o bem a Sião, por teu favor,
reconstrói as muralhas de Jerusalém.
Então te agradarás dos sacrifícios da justiça
– holocaustos e ofertas totais –
e em teu altar se oferecerão novilhos.

Concluído o salmo, Francisco retirou-se rapidamente, não dando nenhum espaço para ser venerado.

Francisco considerava-se um pecador, uma simples criatura, estando inclusive no meio de pessoas de "má vida", não exibia nenhuma superioridade moral, identificando-se com elas.

O incêndio

Certa feita, Clara externou o desejo de fazer uma refeição ao lado de Francisco. Ele soube desse desejo, mas por largo tempo não pôde atender.

Determinado dia, Francisco decidiu atender ao desejo de Clara, considerou que o lugar mais adequado seria o "Pedacinho de Santa Maria", onde ela iniciara sua vida de dedicação plena a Jesus.

De outro lado, Clara vivia quase reclusa em São Damião, no atendimento aos seus doentes e necessitados, e Francisco considerou que seria bom ela sair um pouco.

No dia aprazado, os dois lá se encontraram, convidaram também outros irmãos para participarem.

De acordo com seus hábitos, a alimentação foi muito simples e frugal, constituída principalmente de pães e água.

A mesa foi posta no chão, onde se sentaram.

O dia era ensolarado, luz, canto de pássaros, perfumes da vegetação...

Clara e Francisco estavam felizes e sua alegria se espalhava pelos outros convidados.

O tema da conversação convergiu para o Amor de Deus. E os dois falavam cada vez mais entusiasmados e embevecidos, por vezes um ou outro convidado intervinha.

As falas soavam como poemas, a harmonia dos pensamentos parecia gerar uma música transcendente.

Nessa hora, os habitantes de Bettona, Assis e regiões circunvizinhas viram chamas saindo de Santa Maria dos Anjos. Considerando que havia um incêndio de grandes proporções, correram para lá.

Chegando, porém, viram que não havia fogo algum. O clarão que se formara procedia daquele grupo que, unido a Jesus, falava do amor de Deus.

Como dizia Jesus aos apóstolos: "Vocês são filhos da luz".

Uma armadilha

Certa feita, Francisco foi até Alexandria, cidade italiana da Lombardia, para levar o Evangelho.

Lá foi hospedado por um bom homem muito devotado a Deus.

Estando hospedado, o bom homem preparou uma refeição, cozinhando um frango gordo, e da qual participou toda a família do hospedeiro.

Enquanto almoçavam, bateu à porta um mendigo, pedindo em nome de Deus que lhe dessem algo.

Francisco, com toda a boa vontade, tomou um pedaço do frango, colocou-o num pão e ofereceu ao pedinte.

No dia seguinte, Francisco estava pregando ao povo, quando o mesmo homem o interrompeu, gritando para a multidão:

— Esse Francisco que dizem ser um santo, que fala em pobreza e simplicidade, na verdade se banqueteia com o melhor: vejam a carne de frango que me deu ontem enquanto jantava.

E o homem estendeu o pedaço de frango que recebera.

As pessoas entenderam então que estava tresloucado, pois exibia um pedaço de peixe.

Aí o pobre homem e o Espírito desorientado que a ele se unira, ambos vendo que era um peixe, caíram em si.

Liberto da má influência, o homem envergonhou-se e pediu perdão a Francisco diante de todos, revelando a má intenção que tivera.

Após o sucedido, a carne voltou a ter a aparência de frango.

O Natal segundo Francisco

Decretos

Os que conviveram com Francisco testemunham que várias vezes afirmava, com diversidade de palavras, mas com o mesmo sentido, o seguinte:

— Se eu falar com o Imperador, vou suplicar que pelo amor de Deus e pela intervenção de minhas preces, faça um decreto por escrito, para que ninguém capture as irmãs cotovias nem lhes faça nada de mal.

— De maneira semelhante que todos os "podestás"[6] das cidades, senhores de castelos e vilas, no Natal do Senhor, todos os anos, sejam obrigados a jogar trigo e outros grãos pelas estradas, fora das cidades e castelos para que, principalmente as irmãs cotovias tenham o que comer num dia de tão grande solenidade.

[6] Podestás – Autoridade máxima das cidades da Itália medieval que reunia em si o poder executivo e judiciário, podendo também em guerras exercer funções militares e policiais.

— E que, por reverência a Jesus, que Nossa Senhora reclinou numa estrebaria, ao lado de bois e burros nessa noite, toda pessoa, na mesma noite tenha que dar bastante ração para os irmãos bois e burros.

— Que, lembrando-se que Jesus e sua santa família eram muito pobres, decrete também que nesse dia os pobres devam ser saciados pelos ricos.

Francisco considerava que o Natal era a mais importante solenidade religiosa, porque, se em outras festas se comemorava esse ou aquele feito de Jesus, no Natal se comemora a entrega de sua vida toda por nós.

O Natal, segundo Francisco, deve ser uma festa onde todos expressem imensa alegria por Jesus ter vindo à Terra trazendo seu amor. E que essa alegria seja expressa por meio da generosidade, não apenas com a família e amigos, mas também com inimigos, marginalizados e pobres, com animais e aves.

Comemorando na estrebaria

Certa feita, resolveu comemorar o Natal numa estrebaria.

Foram também algumas pessoas à estrebaria para ouvi-lo e desfrutar de sua presença naquela noite fria e santa.

Francisco abriu o livro da própria alma, naquele ambiente singelo, ladeado de animais, sentados todos sobre o feno, e falou daquela noite distante em que o menino nasceu naquela família santa e pobre, onde não havia lugar para eles na estalagem, mas as estrelas do céu, que são os anjos do Senhor, estavam presentes ao lado de humildes pastores.

Falava com muita alegria e sua alegria contagiava os presentes, naquela celebração simples e mágica.

Terminada a comemoração, as pessoas resolveram levar punhados de feno como lembrança.

Posteriormente, tendo enfermidades, principalmente relacionadas à gestação, tiveram a ideia de fazer chás com aquele feno e, surpresas, verificaram que as enfermidades eram curadas.

Clara comemora o Natal com Francisco

Num certo ano, Clara estava muito enferma, não pode participar das solenidades do Natal, também muito valorizadas por ela.

Presa ao leito, fazia suas orações recordando o nascimento de Jesus, quando sentiu suave entorpecimento, um quase sono. Em seguida, pareceu-lhe que tivera um pequeno desmaio.

Olhando em torno, percebeu que flutuava acima do leito, ladeada por duas senhoras de expressão suave, que lhe disseram afavelmente:

— Viemos buscá-la para que participe da comemoração do Natal ao lado de Francisco.

As senhoras a enlaçaram maternalmente, uma de cada lado e, em instantes, se viu numa estrebaria onde Francisco fazia a comemoração.

As outras pessoas não a viram, mas Francisco percebeu sua presença e sorriu para ela. Ela correspondeu ao suave cumprimento.

Notou que havia algumas poucas pessoas participando da comemoração em corpo carnal, mas uma verdadeira multidão em corpo espiritual.

Enlevada, viu Francisco discorrer sobre o nascimento de Jesus.

Num dado momento, lágrimas copiosas banharam seu rosto e de inúmeros seres espirituais ali presentes, Francisco passou a irradiar uma luz dulcíssima.

Uma mulher surgiu em Espírito, vestida simplesmente com uma túnica azul, sem nenhum atavio.

Era jovem, aparentava uns vinte anos, tinha um olhar tão doce, tão amoroso, que era impossível fitá-lo sem ter emoções tão fortes que só o pranto poderia exprimi-las.

Clara entendeu de imediato que se tratava da Mãe de Jesus, que ali se fazia presente, no seu amor maternal por Francisco e por todos que ali estavam.

Multidão de entidades angélicas cantava hinos de uma musicalidade divina.

Os joelhos de Clara se vergaram e ali ficou por alguns minutos, ajoelhada, com a face em lágrimas, num quadro belíssimo, com suas emoções se expressando no rosto iluminado.

Após alguns minutos, Nossa Senhora beijou afetuosamente a fronte de Francisco e desvaneceu-se numa festa de luzes.

A comemoração do Natal se encerrou com uma prece seguida de demonstrações de afeto entre os presentes, alguns frades e camponeses pobres.

Quando Francisco saiu da estrebaria, Clara se aproximou e conversaram mentalmente, inclusive sobre a visita inesquecível de Maria, a mãe de Jesus.

Depois as duas senhoras que a acompanhavam disseram-lhe que era hora de voltar.

Dia seguinte, Clara acordou revigorada e alegre.

As suas irmãs vieram vê-la:

— Ó nossa mãe, Irmã Clara, foi bela a solenidade de Natal, pena a senhora não poder assisti-la. Teria gostado muito.

Ao que Clara respondeu:

— Não fiquem tristes, eu assisti também a uma belíssima solenidade de Natal, embalada com músicas inesquecíveis, ao lado do meu pai Francisco. Alegrem-se comigo, pela graça que recebi de Nosso Senhor Jesus Cristo.

O ladrão

Certa feita, três ladrões vieram ao convento de Monte Casal e pediram ao Guardião do convento, Frei Ângelo, que lhes desse de comer.

Frei Ângelo sabendo que eram ladrões e homicidas os expulsou:

— Vocês, ladrões e homicidas, não têm vergonha de roubar o suor dos outros e ainda vêm aqui devorar nossas esmolas? Sumam daqui e não mais apareçam.

Pouco depois, chegava Francisco com um saco de pães e um vaso de vinho. Frei Ângelo lhe conta o sucedido com os três ladrões.

Francisco repreende Frei Ângelo:

— O evangelho nos diz que Jesus veio para os doentes e não para os sãos; há mais alegria no céu por um pecador que se converte do que por 99 justos. Jesus não evitava os pecadores, antes os acolhia e os auxiliava em sua redenção, como fez com a mulher adúltera. Apanha este saco de pães e este vaso de vinho, vai em busca dos ladrões e pede-lhes perdão.

Francisco pôs-se em prece pedindo a Deus pelos ladrões, que o coração deles se abrandasse.

Frei Ângelo, envergonhado, partiu por montes e vales em busca dos ladrões.

Encontrando-os, ajoelhou-se perante eles, pediu perdão e entregou-lhes o pão e o vinho.

A humildade de Frei Ângelo os comoveu e falou-lhes profundamente à consciência. Tocados, resolveram procurar Francisco e aconselharem-se com ele.

Francisco expôs-lhes a misericórdia infinita de Deus e, por consequência, mesmo cometendo crimes imensos e numerosos, a misericórdia de Deus é maior, e sempre poderemos nos regenerar.

Abreviando a história: os três se tornaram frades franciscanos.

Dois dos ex-ladrões, agora frades, faleceram pouco tempo depois.

Um deles, Fabrizio, no entanto, viveu longo tempo, dedicado aos ideais de Francisco de humildade, desprendimento, amor a Deus e às Criaturas.

Após a morte de Francisco, Fabrizio, certa noite, teve um sonho onde se figurava sua própria vida.

A sua queda moral que o levou ao crime se mostrou como se caísse de um alto monte num abismo profundíssimo, cheio de pedras onde foi se despedaçando.

Depois se viu numa estrada de pedras, descalço, ferindo-se, simbolizando sua carreira de crimes.

A seguir, viu-se numa fornalha, onde o fogo queimava suas carnes, simbolizando a sua consciência atormentada pelos delitos que cometia.

Depois surgiu uma ponte, sem parapeito, sobre um rio onde dragões, serpentes e escorpiões estavam no rio embaixo; simbolizando sua passagem da vida de criminoso vulgar para a de frade; para auxiliá-lo um anjo dizia que viesse atrás dele e pisasse onde o anjo pisasse. Significando os perigos que atravessaria, pois os antigos companheiros de crime, carnais e almas atormentadas estariam à espreita, no entanto se ele seguisse os exemplos de Francisco, passaria imune.

No meio da ponte, entretanto, o anjo deixou que ele seguisse só. Ficando só, pôs-se em prece e lhe nasceram asas para sua alegria e consolo. Francisco partira, por intermédio da morte, mas havia o socorro da prece para auxiliá-lo no testemunho do que aprendera.

Mas novo símbolo: as asas não eram suficientes para que ele voasse e ele caiu. Dedicou-se então com mais fervor à oração.

As asas cresceram, mas ainda não suportaram seu peso e ele caiu novamente. Novamente orou, desta vez com mais afinco e por mais tempo e finalmente alçou voo.

Esses voos entremeados de quedas simbolizavam os vários percalços que enfrentara, na busca da independência espiritual, até conseguir a necessária fortaleza para enfrentar as provações da vida carnal, libertando-se dos apetites materiais na busca do puro amor.

Voando chegou a um palácio; o porteiro perguntou-lhe

— Quem é você? Ao que respondeu:

— Sou um irmão menor. O porteiro disse-lhe então:

— Espere aqui, vou chamar Francisco.

Apareceram então Francisco, Bernardo, Egídio e, seguindo-os, uma multidão interminável de Espíritos iluminados.

Francisco disse ao porteiro:

— Deixe-o entrar, ele é um dos meus frades.

São Francisco trazia um manto maravilhoso adornado de estrelas; frei Bernardo tinha na cabeça uma coroa de estrelas belíssimas; frei Egídio estava revestido de uma luz maravilhosa.

E Francisco explicou-lhe o significado dessa última visão:

— O último e bem-sucedido voo significa a sua morte, este palácio é para onde você virá. Desperte, volte à Terra, pois dentro de uma semana você estará aqui, trabalhando entre nós.

Despertando, Fabrizio relatou o sonho ao seu frade guardião.

Passada uma semana, Fabrizio despediu-se deste mundo e, acolhido por Francisco, foi para os planos superiores, para novas atividades de amor a Deus e ao próximo.

Os frades, sabendo do sonho que tivera, meditavam comovidos sobre a passagem do evangelho, onde Jesus, crucificado entre ladrões, diz ao que estava à sua direita:

— Ainda hoje estarás comigo no paraíso...

Da verdadeira caridade

Diz o Senhor: "Amai os vossos inimigos", etc. (Mt 5,44). Ama verdadeiramente o seu inimigo aquele que não se contristar pela injúria dele recebida, mas por amor de Deus se afligir com o pecado que está na alma dele, e por meio de obras lhe manifesta sua caridade.

Bem-aventurado o servo que ama ao seu confrade enfermo, que não lhe pode ser útil, tanto como ao que tem saúde e está em condições de lhe prestar serviços.

Bem-aventurado o servo que tanto ama e respeita o seu confrade quando está longe como se estivesse perto nem diz na ausência dele coisa alguma que não possa dizer na sua presença sem lhe faltar à caridade. Francisco de Assis – Admoestações Cap 9, 24 e 25.

Amor aos animais

Os animais são nossos irmãos.

Conquanto de forma muito mais reduzida e simples, com os instintos tendo acentuada supremacia sobre as ideias e sentimentos, eles compreendem e sentem.

O pensamento e o sentimento podem ser transmitidos pelas palavras, gestos e atos, mas também se irradia na sua forma pura, em sons que o ouvido carnal não ouve e em imagens que o olho carnal não registra, mas que o sentimento e a compreensão, ampliados pela simpatia, identificam.

O amor de Deus tudo envolve e em tudo se reflete, unindo todas as criaturas, à semelhança do oceano que estabelece um elo entre todos os seres marinhos.

Assim, podemos amar e ser amados pelos animais, como hoje vão se tornando comuns vídeos, identificando manifestações afetivas entre animais de diferentes espécies.

Francisco falava com os animais e era compreendido, não que os animais compreendessem o italiano, ou refletissem sobre os temas evangélicos, mas quando Francisco falava sobre o amor de Deus todo o seu ser refletia esse amor em inteligência e sentimento, e os animais, sendo produtos do amor divino, registravam segundo as suas limitações, esse amor infinito e correspondiam aos apelos afetuosos de Francisco.

Comprando ovelhas

Certa feita, Francisco ia de viagem, tendo saído de Marca de Ancona, província situada a cerca de 100 km de Assis, dirigindo-se para Ósimo, cerca de 30 km ao sul, em companhia de Frei Paulo.

Viu um pastor apascentando um rebanho de cabras e bodes.

No meio do rebanho, todavia, encontrava-se uma ovelhinha pastando pacificamente.

Tocado pela cena, Francisco suspirou tomado de emoção, e disse:

— Está vendo essa ovelha mansa no meio de cabras e bodes?

Era desse jeito que Nosso Senhor Jesus Cristo andava, manso e humilde entre fariseus, sacerdotes e doutores da lei. Por isso eu te peço, por caridade, meu filho, que te compadeças dessa ovelhinha e a compres, para podermos tirá-la do meio das cabras e dos bodes.

Frei Paulo sensibilizou-se com o pedido de Francisco, compadecido da ovelhinha, porém havia um problema: nenhum dos dois tinha dinheiro para pagar pela ovelhinha.

Naquele momento passava pela estrada um comerciante.

Venderam ao comerciante as pobres túnicas com que se cobriam e compraram a ovelhinha.

Chegando a Ósimo apresentaram-se ao bispo da cidade, que se admirou do carinho com que Francisco tratava a ovelhinha.

Francisco aproveitou o ensejo para falar ao Bispo sobre a necessidade da mansidão e da exclusão de qualquer ato de violência.

Saindo dali, pensando no que fazer com a ovelhinha, Frei Paulo aventou:

— Por que não a doamos às irmãs do convento em São Severino?

Francisco acatou a sugestão e deram a ovelhinha às irmãs que ficaram contentes com o presente, principalmente por ser uma lembrança de Francisco.

Tendo Paulo e Francisco contado a história da ovelhinha, cuidaram dela por muito tempo e, ajuntando sua lã, com ela fizeram uma túnica.

Por intermédio de um mensageiro a enviaram ao "Pedacinho de Santa Maria" para Francisco.

Francisco muito se alegrou e comoveu-se com o presente recebido das irmãs e de sua amiga ovelhinha.

Beijou a túnica como se beijasse a ovelhinha e a vestiu, sentindo-se em companhia da meiga ovelhinha.

Compartilhou sua emoção e sua alegria com os irmãos do "Pedacinho de Santa Maria", que também se alegraram e comoveram.

De outra feita, passando novamente por Marca de Ancona, também em companhia de Frei Paulo, encontraram um homem, Pietro, que levava dois cordeirinhos amarados presos ao ombro.

Os cordeirinhos, naquela situação, baliam muito.

Francisco teve compaixão dos cordeirinhos, acariciou-os e perguntou a Pietro:

— Por que você está maltratando assim esses dois irmãozinhos, amarrados e pendurados?

— Estou levando-os para vender na feira, porque preciso de dinheiro.

— E o que acontecerá com eles?

— Na certa, quem comprá-los vai matá-los e comê-los...

Francisco havia ganho naquele mesmo dia uma boa capa, de um homem que se compadeceu dele, visto estar frio; redarguiu então a Pietro:

— Isso não vai acontecer. Leve minha capa e dê-me os cordeirinhos.

Na face de Pietro desenhou-se um sorriso amplo, pois a capa valia muito mais que os dois cordeirinhos e, para ele, homem pobre, seria muito difícil ter uma peça como aquela.

Francisco pegou os dois cordeirinhos e ficou sem saber o que fazer com eles; nisso interveio novamente Frei Paulo:

— Devolva os cordeirinhos a Pietro com a condição de nunca vendê-los, nem maltratá-los, alimentando-os e tratando-os com carinho.

Pietro, alegremente comprometeu-se a tratar bem os animais; os cordeirinhos cessaram de balir e, livres das amarras, esticavam as pernas dando pequenos saltos, expressando sua alegria. Frei Paulo sentia-se alegre pelo acerto de suas sugestões e, mais que todos, Francisco se alegrava pela alegria dos que o cercavam, vendo o amor do Bom Deus iluminando a todos naquela estrada.

Ensinando aos pássaros

Numa manhã ensolarada e primaveril, passando perto da cidade de Bevagna, cerca de 20 km de Assis, acompanhado de alguns frades, Francisco deparou-se com uma multidão de pássaros, de várias espécies, que se juntaram próximos à estrada.

Encantado com o fenômeno, Francisco saiu correndo em direção aos pássaros que não fugiram com a sua aproximação.

Cumprimentou-os e, andando no meio das aves, as tocava e as roçava com sua túnica.

A seguir, passou a ensiná-las:

— Meus irmãos, pássaros!

— Amem sempre ao Bom Deus, que lhes deu penas belas e coloridas para se apresentarem ricamente vestidos, aquecerem-se no inverno e por meio delas voarem livres e graciosos pelo céu azul.

— Louvem o Senhor dos Mundos, com o canto que Ele lhes deu, levando delicados sentimentos, alertas e alegria a todas as criaturas.

— Semeiem as diversas plantas que os alimentam, proclamando a lei do trabalho que a todos beneficia.

— Acasalem-se, façam seus ninhos, cuidem com desvelo de seus filhotes, cumprindo a amorosa ordem que Deus lhes deu de crescerem e multiplicarem-se.

Os pássaros o ouviam com grande júbilo, esticando as cabeças e batendo as asas. Abrindo os bicos, e olhando-o atentamente.

Evidentemente, não sendo racionais, os pássaros não compreendiam o que ele dizia, mas as vibrações do seu pensamento carregado de amor e sabedoria ressoavam em seus seres, inundando-os de profunda euforia.

E permaneceram à sua volta até que ele os abençoou e ordenou-lhes que partissem.

Um nobre presenteou Francisco com um faisão.

Francisco recebeu o presente alegremente, não pela vontade de comê-lo, mas porque amava os animais.

Mas respeitando a liberdade do animal, pediu a um irmão que levasse o faisão num bosque distante para descobrir se o faisão preferia o ambiente selvagem ou o ambiente doméstico.

Porém o faisão voltou e foi para o quartinho que Francisco habitava no “Pedacinho de Santa Maria”.

Francisco pediu então que levassem o faisão para um bosque mais distante. Mas o pássaro novamente voltou para o quartinho de Francisco.

Francisco pediu então que o alimentassem e carinhosamente o abraçou e conversou longamente com ele.

Um médico, muito afeiçoado a Francisco, pediu o Faisão; não para comê-lo, mas para ter uma lembrança do amigo.

Francisco deu-lhe o faisão. Mas o faisão, chegando à casa do médico, recusou-se a alimentar-se.

Levado de volta, o faisão, logo que viu Francisco, passou a comer com satisfação.

Posto isso, o médico desistiu do faisão e ele viveria até morrer no "Pedacinho de Santa Maria".

Cruzando o lago

Ao norte de Rieti, cidade a cerca de 100 km de Assis, existem vários lagos, Francisco com certa frequência cruzava esses lagos.

Certa feita, estando num barco, um pescador ofereceu-lhe um pássaro aquático.

Francisco estendeu as mãos em cunha e o passarinho aninhou-se em suas mãos.

Francisco elevou os braços e abriu levemente as mãos para que o passarinho voasse, recuperando sua liberdade.

Mas o passarinho não quis partir, sentindo o prazer de estar ali, protegido por aquelas mãos santificadas.

Francisco elevou os seus olhos ao Céu, pondo-se em oração.

Passado algum tempo, voltou a si, como se estivesse, pelo pensamento, em outro mundo.

Amorosamente, disse ao pássaro que não temesse a liberdade dos ares que Deus lhe concedera e bondosamente ordenou ao pássaro que partisse, abençoando-o.

O pássaro levantou-se, demonstrou seu contentamento com um movimento das asas, e alçou voo sereno e confiante.

De outra feita, outro pescador, nos mesmos lagos, ofertou-lhe um peixe grande e vivo.

Francisco pegou o peixe, chamando-o de irmão, e delicadamente o devolveu à água, ao lado da barca.

Porém o peixe não quis partir e ficou ali, dando voltas e brincando diante de Francisco.

O pobrezinho Francisco alegrou-se muito com essa demonstração de amizade do peixe e louvou ao Deus de Bondade, fonte de todos os amores e bênçãos.

E o peixe ficou por ali, até que Francisco, após pedir-lhe fosse mais cuidadoso, não se deixando pescar, o abençoasse e lhe ordenasse voltar à profundeza das águas.

Monte Alverne

Um banquete

Estava Francisco em Spoleto, cidade ao sul de Assis cerca de 40 km; vivia os últimos anos entre nós, envergando corpo carnal.

Veio-lhe a inspiração de dirigir-se para o norte, em direção a Romanha.

Para lá seguiu em companhia de Frei Leão, a viagem envolvia alguns dias de caminhada.

Passando os viajantes ao pé do Castelo de Montefeltro, souberam que haveria um grande banquete no castelo, com a presença de muitos nobres, oriundos de vários países.

Francisco teve a inspiração de entrar no Castelo e dirigir-se à praça que lá havia.

Subiu numa mureta e passou a pregar, tendo como tema "tanto é o bem que espero, que toda pena é uma alegria para mim".

Seu rosto, sua alma, seus gestos e suas palavras passaram a irradiar o profundo amor de Deus que sobreleva toda a dor.

Sua fala era como um projetor de cinema. Aqueles que prestavam atenção viam as cenas, mesmo os estrangeiros que não falavam bem o italiano entendiam o que ele dizia, como se ele estivesse falando em sua própria língua.

E, segundo a compreensão do pecador ignorante, que escreve essas palavras, o sentido de um dos trechos de sua pregação foi mais ou menos este:

Relembrem a cena do Calvário, a dor de Jesus na sua crucificação, a dor dos ladrões sendo igualmente supliciados.

A dor das mulheres aos pés da cruz, especialmente de sua mãe, banhada em lágrimas, com os olhos enevoados ao lado do apóstolo que Jesus amava, João, um adolescente que sentia toda a crueza e vileza do ser humano ao praticar um crime daquele tamanho.

As dores físicas se acrescentavam às dores morais, a falência moral dos sacerdotes que envergavam o título, mas não conheciam o Deus de toda criação; os escribas e fariseus, esmiuçando os textos sagrados, mas fugindo ao cumprimento dos simples mandamentos de Moisés; o Rei da Judeia, traindo a grande esperança, anunciada há séculos para a salvação de Israel; os soldados sem nenhuma dignidade, nem coragem, aniquilando alguém que era todo bondade e mansuetude...

Mas ao lado daquele sofrimento, se acendia uma luz imensa que atravessaria os milênios, levando consolação e esperança, força e resignação, humildade e consciência à humanidade toda, numa lição irretorquível e tocante...

E, daquele monte sangrento, irradiava-se uma paz serena, confirmada por Jesus nas suas palavras santas: "estejam tranquilos, eu venci o mundo"; "filho, eis aqui tua mãe, mãe eis aqui teu filho", "Pai, perdoa-lhes, não sabem o que fazem"...

E Maria, sua mãe santíssima, se unia a ele, acrescentando com sua voz embargada pelo pranto; "Faça-se na serva a vontade do Senhor"...

Essa mensagem da cruz, com tão poucas palavras, e tanto significado, enviada por nosso Senhor, com sacrifício de sua própria vida, é dirigida, sobretudo à nossa consciência, expondo nossos erros e nossas dores, sob a luz imensa da misericórdia divina.

E, ali, naquele monte, abriam-se as portas do céu, e milhões de anjos desciam, com seus cânticos sublimes, louvando o Deus das estrelas, para receberem o Cristo triunfante, reafirmando que a Terra, nosso mundo, como tudo que existe está no Céu, mergulhada no amor de Deus, e os sofrimentos são pequenos comparados com a extensão do Reino de Deus; são efêmeros perante a eternidade da glória de Deus...

Para o banquete foi convidado Orlando de Chiusi de Casentino, homem rico e nobre, da Toscana. Orlando já ouvira falar de Francisco, de sua humildade e desprendimento.

A surpresa de ouvi-lo e vê-lo ali, onde jamais esperaria encontrá-lo, o alegrou e encantou muitíssimo.

A mensagem de Francisco tocou profundamente seu coração.

Orlando, conquanto seu poder e riqueza, tinha a alma vergastada por problemas sentimentais e morais, situado no cume da sociedade, por seu nascimento, sentia-se recluso numa ilha, rodeado por um mar de falsidades, interesses mesquinhos, ciúmes e inveja, sem condições de escapar.

Já tendo se despido do orgulho e da vaidade, a fama e os bajuladores lhe eram tediosos e amargos; o poder que tinha sobre homens e mulheres – em sua maioria paupérrima – não o embriagava, antes o constrangia; considerava sua vida fútil e sem objetivos.

Terminada a pregação que falava tanto em esperança e vida, Orlando procurou Francisco, para expor-lhe seus problemas íntimos, esperançoso de receber algum rumo que lhe trouxesse paz e razão para viver.

Francisco, no entanto, recomendou que ele participasse do banquete e que depois conversariam.

Depois do banquete, Orlando buscou Francisco e abriu seu coração. Francisco o consolou e disse-lhe que a ele, Orlando, competia a solução de seus problemas, pois ele era o responsável por sua própria vida. Mas abrindo-lhe o entendimento com relação ao Evangelho, aclarou que nos ensinos de Jesus estava o caminho verdadeiro e as forças da vida, com os quais alcançaria o amor, o grande equacionador dos problemas da existência.

Orlando ficou muito grato e quis expressar sua gratidão a Francisco nestes termos:

— Você teve como centro de sua pregação o monte do Calvário, eu tenho na Toscana um monte, chamado Monte Alverne, a uma milha de meu castelo, local selvagem e solitário, com rochas escarpadas, de certa forma lembra o monte do Calvário. Ali, eu creio, será um local adequado para as pessoas refletirem sobre as dores da cruz e a amplidão do Céu que a todos acolhe, como você bem explicou. Se esse monte te agradar eu o darei a você e aos seus companheiros.

Francisco lhe respondeu:

— Quando o senhor tiver voltado para sua casa, eu lhe enviarei companheiros meus e o senhor lhes mostrará o monte. Se acharmos o monte adequado, eu aceito desde agora a sua caridosa oferta.

Passado algum tempo, Francisco enviou dois companheiros a Toscana, que consideraram o local muito apropriado.

Companheiros de viagem

No ano seguinte, aproximando-se a comemoração da crucificação e ressurreição de Jesus, segundo a liturgia católica, Francisco resolveu fazer suas orações e meditações no referido Monte Alverne.

Convidou para acompanhá-lo os irmãos Leão, Masseo e Ângelo.

A viagem, pouco mais de 100 km, levaria uns três dias.

Na segunda noite, Francisco viu-se rodeado de inúmeros demônios, como se dizia na época, mas que não passavam de almas revoltadas e sofredoras, consequentemente endurecidas, e muitas dominadas pelas ilusões de estarem ainda na carne.

As mais endurecidas, diziam-se inimigas de Jesus, negavam Deus e simulavam grande poder, embora sua situação miserável.

As iludidas e ignorantes pediam por seus bens, títulos, propriedades, agindo como se ainda estivessem no mundo carnal.

Essas almas eram aquelas que em sua vida carnal, foram egoístas e orgulhosas, cruéis ou avarentas, colhendo após a morte os frutos amargos e tóxicos de suas vidas distanciadas do amor a Deus e ao próximo.

Eram nobres, príncipes da igreja, ricos comerciantes que, chegando do outro lado da vida, descobriram que seus títulos, dinheiro, posição de nada valiam. Havia também criados e camponeses que, nada tendo de material, também eram pobres de amor e humildade.

Revoltavam-se contra o pobrezinho que, nada tendo neste mundo, era rico perante Deus, e o agrediam, julgando que com isso feriam a Jesus e ao Supremo Senhor.

Essas aproximações e ataques de almas perturbadas foram comuns na vida de Francisco e Clara.

Francisco pôs-se em oração, compadecido daquelas almas e sentindo amor por elas, como o sentia por todas as criaturas, como fazia sempre nessas situações, entendendo que estavam ali com a permissão e a vontade de Deus.

Em oração, elevou-se do solo e iluminou-se como uma estrela.

Ao ver aquele fenômeno, muitos daqueles Espíritos atormentados fugiram, mas outros, tocados pelo seu amor e entendendo que ali havia uma oportunidade de redenção, se aproximaram e passaram a suplicar seu auxílio.

Francisco as confiou a Jesus, esclareceu-lhes que ainda viveriam muitas vidas, onde poderiam redimir-se.

Benfeitores espirituais solícitos, ali presentes, conduziram para uma situação melhor aquelas almas sofredoras, nas quais passou a brilhar uma centelha de esperança.

Advertência

Isso que descrevemos aqui em poucas linhas tomou quase a noite toda, tendo privado Francisco do necessário repouso noturno.

Pela manhã, Francisco estava alegre pelo exercício do amor e da prática do bem, mas seu corpo estava muito enfraquecido.

Caminhava a pé com muita dificuldade.

Procuraram nas imediações algum meio de transportá-lo.

Encontraram um homem, Ruggero, que possuía um burrinho e pediram-lhe, pelo amor de Deus, o burrinho emprestado para que servisse de montaria a Francisco.

Ao ouvir o nome de Francisco, Ruggero, que já havia ouvido falar dele, perguntou:

— Vocês são frades daquele Francisco, de quem falam tanto bem?

Os frades responderam que sim, que era para ele a montaria.

O bom homem, com alegria, aprontou o burrinho, colocando-lhe um cabresto que permitisse puxá-lo e alguns panos e um pedaço de couro que servissem de arreio, para tornar mais confortável cavalgá-lo.

E lá se foram os quatro, com Ruggero à frente puxando o burrinho onde estava montado Francisco, e os três frades caminhando atrás.

Passado algum tempo de viagem, Ruggero, voltando-se para Francisco, resolveu confirmar:

— Diga-me, é você mesmo o frade Francisco de Assis?

Francisco respondeu que sim.

Ao que Ruggero continuou:

— Então se esforce para ser tão bom, como muita gente acha que você é, muitos de nós temos grande fé em você, não nos desaponte.

Francisco acolheu a advertência de Ruggero com grande gratidão, dizendo-lhe humildemente:

— Pare por um momento.

Parando o burrinho, Francisco apeou, ajoelhou-se perante Ruggero e disse-lhe:

— Eu lhe sou muito grato por me advertir, muitos vêm a mim e pedem, mas é raro alguém me alertar, auxiliando-me para que eu não falhe. Deus o abençoe pela sua caridade.

A seguir montou novamente e prosseguiram viagem, todos muito edificados por esse gesto de Francisco.

Toda orientação, toda repreensão, todo alerta que visa o bem procede do amor de Deus, que pode valer-se, para transmiti-los, das mais variadas criaturas.

Num dado momento, Deus pode, valendo-se do céu colorido pelo crepúsculo, transmitir uma mensagem silenciosa de serenidade e alegria.

Em outra circunstância, utiliza a boca desdentada de uma camponesa pobre e de coração amoroso dizendo palavras sensatas e tranquilizadoras, no atendimento a seu filho que tem o coração partido pela deserção da esposa, tendo, em consequência, a responsabilidade de cuidar dos filhos e trabalhar ao mesmo tempo.

Naquele momento, o Bom Deus valia-se da alma rústica de Ruggero para alertar Francisco; e Francisco agradecia ao Altíssimo, expressando sua gratidão a Ruggero, criatura amada por Deus, seu irmão, tão valioso para Deus quanto ele mesmo.

É comum religiosos terem acentuado orgulho moral, envaidecidos de sua correção e virtudes, no entanto, a vaidade que demonstram testemunha não serem tão virtuosos quanto pensam.

Se o orgulho que tem das próprias virtudes é ferido, reagem com irritação e desprezo.

Mas Francisco afirmava com seus atos como é importante considerarmos as críticas com humildade, e as utilizarmos num clima de serenidade e paciência para o nosso crescimento espiritual.

Sua humildade fazia com que ele visse flores e carinho, onde o orgulhoso enxergaria apenas pedras e agressão.

Como ele mesmo escrevia a seus irmãos:

Bem-aventurado o servo que recebe as advertências, acusações e repreensões dos outros com tanta paciência como se proviessem dele mesmo.

Bem-aventurado o servo que, repreendido, de boa mente se submete com respeito, obedece, humildemente, reconhece sua culpa, voluntariamente e oferece reparação.

Bem-aventurado o servo que não procura logo escusar-se e com humildade suporta vergonha e repreensão por uma falta que não cometeu.

(Francisco de Assis – Admoestações Cap 22)

Encontrando água

Como o lugar era árido, todos começaram a ter sede; Ruggero, porém exagerava, proclamando com alta voz:

— Que sede sinto! Esta sede está insuportável! Estou morrendo de sede! ...

Francisco elevou os olhos ao Céu e perceberam que ele orava; depois, sorrindo, disse a Ruggero, apontando uma pedra:

— Ruggero, vamos até aquela pedra, lá encontraremos a água abençoada que o Bom Deus a todos dá.

E, dirigindo-se à pedra, encontraram uma fonte que mitigou a sede de todos, principalmente a de Ruggero.

A seguir, agradeceram ao amor de Deus que lhes havia presenteado com aquela água tão pura e que, sendo insípida, era tão saborosa.

A recepção

Finalmente chegaram ao sopé do monte, que se destacava por suas rochas escarpadas.

Dirigiram-se à sombra de um carvalho, onde repousaram da longa caminhada.

Francisco, ao pé do carvalho, passou a fazer algumas considerações sobre a topografia e a vegetação do monte.

Enquanto falava, eis que vieram muitos pássaros de variadas espécies, batendo as asas, deferindo seus cantos, manifestando sua alegria de forma alvoroçada e barulhenta.

Francisco ponderou:

— Parece-me, queridos irmãos, que Nosso Senhor Jesus Cristo nos quer morando neste monte, e envia os nossos irmãos pássaros para nos dar boas-vindas.

Pouco depois, chegava Orlando com uma comitiva, pois soubera que Francisco estava no Monte Alverne.

Depois dos cumprimentos e de alguma conversação, Francisco pediu a Orlando que mandasse construir pequena choupana ao pé de uma faia, árvore muito frondosa, onde pudesse abrigar-se no seio daquela natureza rústica e bela.

Orlando atendeu de pronto o pedido de Francisco.

Como a noite vinha chegando, Orlando, antes de partir, colocou-se à disposição dos frades para o que necessitassem.

Ficaria aborrecido se ocultassem suas necessidades, pois para ele era uma alegria poder auxiliá-los.

Depois que Orlando partiu, Francisco instruiu os frades:

— Não levem em tanta conta as ofertas de Orlando, que a pretexto de não aborrecê-lo, ofendam a nossa Santa Pobreza, apegando-se aos bens materiais. Nosso verdadeiro tesouro é o desapego às coisas que o dinheiro compra, e às honras que o mundo oferece. O que nos exalta é o bom exemplo que damos. Deus cuida de nós, o trabalho espiritual nos enriquece.

Na manhã seguinte, Ruggero partiu de volta para sua aldeia, montado em seu burrinho, com o coração muito alegre.

Aquele dia que passara com Francisco seria motivo de infindáveis conversas com sua mulher, filhos, vizinhos e amigos. Dessa forma, o pobrezinho Francisco e o amor que testemunhava iam sendo conhecido por outros pobres, encontrando nele esperança e consolação para suas vidas.

Rotinas

Ali, naquele monte, Francisco passaria cerca de 40 dias.

Em sua rotina de orações eram comuns alguns fatos presenciados por seus companheiros:

• O atendimento às almas sofredoras;

• O encontro com Espíritos santificados, algumas vezes com o próprio Jesus.

• A levitação: seu corpo se elevava do chão, por vezes alguns palmos; de outras, vários metros.

É de se notar a amizade que uniu Francisco a um falcão em Monte Alverne.

Essa ave, ao contrário de outras aves de rapina como as águias, não passa a maior parte do tempo planando, mas voa frequentemente.

Este falcão tomou a seu cargo acordar Francisco pela manhã, com seu canto em voos rasantes sobre sua choupana.

Com alegria, Francisco recebia a saudação amorosa da ave.

Um fato admirável: quando Francisco estava mais enfermo e enfraquecido, o falcão o deixava dormir um pouco mais e o acordava mais tarde.

Uma noite de incômodos e luz

Evitando incomodar

Estando Francisco doente dos olhos, recebeu uma carta do Bispo e Cardeal de Óstia, Hugolino, sobrinho do Papa Inocêncio III e futuro Papa Gregório IX, a quem já nos referimos, pedindo que fosse vê-lo em Rieti, a cerca de 80 km de Assis.

Resolveu na ida passar em São Damião, para visitar Clara.

Quando chegou, anoitecia, o convento estava cheio de gente e Francisco, não querendo incomodar ninguém, resolveu pernoitar num quarto velho, semiabandonado, que havia aos fundos. Na manhã seguinte, faria a sua visita.

Chuva e goteiras

Acomodando-se no chão duro, com dificuldade para dormir em virtude da enfermidade, ouviu a chegada da irmã chuva, derramando-se sobre justos e injustos, fertilizando a terra, espalhando a vida.

Alegrou-se com a chuva, porém o velho quarto tinha goteiras e começou a molhar-se; procurou fugir dos abençoados pingos, mas as goteiras eram muitas.

Encolhido, o pobrezinho, além dos incômodos da enfermidade, passou a sofrer com os pingos d'água.

Morcegos

O que Francisco não sabia era que o quartinho servia de morada a um bando de morcegos.

Esse mamífero que se distribui em mais de mil espécies, tem funções importantes na natureza. Seu tamanho varia de alguns centímetros a dois metros. É uma criatura curiosa com um sentido especial: um sonar biológico (como esses dos submarinos) que permite detectar obstáculos e presas.

Algumas poucas espécies são hematófagas (alimentam-se de sangue), mas habitam apenas a América do Sul; os morcegos, na Itália de Francisco, alimentavam-se apenas de frutas e insetos.

Ao crepúsculo, os morcegos haviam partido para caçar insetos, conforme seus instintos que nos animais espelham a vontade Deus. Os morcegos exercem um importante papel no controle de insetos; biólogos afirmam que um único morcego devora cerca de 200 insetos por noite.

Porém a chuva fez com que interrompessem seu trabalho e voltassem para sua morada.

Lá chegando, os morcegos encontraram um intruso: Francisco.

Instintivamente passaram a enxotá-lo, com voos rasantes e mordidas com seus dentinhos afiados.

Tornando adversários em amigos

Francisco, surpreendido pelo ataque, ficou atônito sem saber o que fazer: meio cego pela enfermidade dos olhos, molhado pela chuva e agredido por morcegos.

Francisco ouviu então uma voz inesquecível que lhe dizia:

— Francisco, na dor Deus fala ao coração, despertando as energias sublimes do amor. Sê forte! Jesus te ilumine!

Francisco entregou-se à oração e, conversando com os elementos, sentiu o profundo amor pelas criaturas de Deus que o visitavam: a enfermidade, a chuva e os morcegos.

Falou aos morcegos:

— Irmãos morcegos, porque vocês me tratam assim? Não lhes venho fazer mal, sou apenas um pobrezinho abrigando-se na noite escura. Jesus afirmava que devemos receber e hospedar os estrangeiros e vocês devem obedecê-lo, tratando-me com caridade. Esse quartinho não lhes pertence, pertence a Deus, que permite a vocês morarem aqui e por gratidão a Deus vocês devem receber bem os outros filhos de Deus que vêm abrigar-se aqui.

As suas vibrações amorosas acalmaram os animaizinhos, que o deixaram em paz.

Indo ao céu

Resolvido o incômodo dos morcegos, a chuva tendo se suavizado, benfeitores espirituais solícitos auxiliaram-no a deixar o corpo enfermo, tomado pelo sono, úmido pela chuva, purificado pela enfermidade.

Livre do fardo material, Francisco dirigiu-se aos planos superiores.

Lá, sentindo profundamente as vibrações de Jesus, encontrou-se com Clara e outros Espíritos de grande elevação, num cenário de luzes e flores belíssimas, sendo recebido num mar de emanações de amor e de afeto, intensas e puríssimas.

Afeição e caminhadas

No outro dia, a chuva havia passado e o Sol esplendoroso aquecia bons e maus.

Acordou, abriu os olhos e viu os irmãos morcegos agarrados ao vigamento do telhado, dormindo placidamente de cabeça para baixo, envoltos em suas asinhas aveludadas, segundo o hábito desses animais.

Levantou-se, fortalecido no amor de Deus, abençoou amorosamente os irmãos morcegos, agradeceu a Deus pela noite e foi em busca de Clara.

Tomaram juntos uma refeição frugal e Francisco contou-lhe o sucedido, detendo-se com mais detalhes na descrição dos locais belíssimos que visitou nas asas do sono.

A manhã ia alta quando retomou alegremente o caminho para Rieti, atendendo ao pedido do Bispo Hugolino.

A canção que ele cantava em sua caminhada espalhava-se pelas margens do caminho, acariciando as plantas e os animais.

Inumeráveis Espíritos desencarnados o seguiam naquela estrada erma e choravam, emocionados e agradecidos a Deus, por poderem ver aquele pobrezinho descalço, com sua túnica remendada, e ouvir-lhe a voz musical e alegre.

França

Certa feita, Francisco decidiu ir até a França.

Em viagem, acompanhado de Frei Masseo, dirigindo-se ao norte da Itália, chegaram a uma cidade.

O grande tesouro

Como estavam com muita fome, saíram a mendigar; Francisco de um lado, Masseo de outro.

Masseo, alto, forte, desenvolto, angariou alguns pães inteiros e pedaços grandes.

Francisco, emagrecido, curvado, quase cego, recolheu apenas alguns pedaços de pão duro e seco.

Encontrando-se depois, procuraram um lugar para comer, descobriram uma pedra larga e chata junto a uma fonte.

Puseram os alimentos para comer sobre a pedra que serviu de mesa e, sentados no chão, prepararam-se para comer.

Francisco, com grande alegria, afirmou:

— Não somos dignos desse grande tesouro; repetindo essas palavras várias vezes.

Incomodado com as palavras e alegria de Francisco naquela situação de penúria, alimentando-se literalmente de pão e água, em dado momento, Frei Masseo não se conteve e disse:

— Pai, como se pode chamar de tesouro onde há tanta pobreza? Aqui não há casa, nem mesa, nem toalha, nem faca, nem garfo, nem prato, nem criado para nos servir.

Ao que Francisco respondeu:

— Isso é o que considero um grande tesouro: aqui não há nenhum produto da indústria humana, mas o que aqui existe nos é dado pela providência divina: o pão concedido pela generosidade do povo, a mesa de pedra sólida e bela, a água ofertada pela fonte tão fresca e cristalina, a sombra que nos protege dada pela irmã árvore, ninguém submetido a nós e sujeito a humilhações, o canto dos pássaros…

E Francisco continuou enumerando as bênçãos do amor de Deus, e suas palavras foram transformando-se em prece de agradecimento pela bondade de Deus que os cumulava de tantos bens.

Após a prece, Irmão Masseo também se rejubilou com o amor a Deus e se alimentaram serenos e felizes.

Mal acostumados, cedendo às pressões de nossa sociedade materialista, que restringe o conceito de valor ao preço amoedado dos bens, ou ao poder que eles ensejam, esquecemo-nos dos imensos tesouros com que o Bom Deus nos agracia, entre os quais podemos lembrar: o desvelo materno, a luz, o ar, os amigos, os sentidos como a visão, a audição, o olfato, o paladar, o tato, a lucidez, a inteligência, a memória e os outros seres da criação, a começar pela própria Terra e a concluir-se pelos grandes Espíritos como Nosso Senhor Jesus Cristo.

Um destaque nesses dons divinos: Deus designa um Espírito de alto valor moral e intelectual, para assistir a cada um de nós, sem excluir ninguém, na caminhada terrena: o Anjo da Guarda.

Ele nos inspira o bem, alerta quanto aos percalços do caminho, ajuda-nos a nos levantarmos nas quedas morais, por décadas e frequentemente por séculos, nas vidas sucessivas.

Ele, como amigo amoroso, vale mais que cem empregados, atendendo a todos, repetimos;, pobres ou ricos, santos ou pecadores, sábios ou ignorantes...

Mudemos nossos critérios de valor, pondo no alto da escala as coisas espirituais e eternas.

Flutuando

Mas voltando à fonte e à pedra: após a refeição, os dois frades dirigiram-se a uma Igreja próxima e ali entraram para orar.

Francisco, orando, viu-se envolvido por forças espirituais que semelhava lançar chamas de amor a saírem por sua boca.

E vindo em direção a frei Masseo, disse-lhe repetidamente:

— Frei Masseo, entregue-se a mim!

Na terceira vez, utilizando o próprio hálito, com um sopro levantou Frei Masseo do chão e o lançou como se fosse uma pluma a alguns metros à frente.

Posteriormente, Frei Masseo disse que naqueles instantes em que flutuava no ar, arremessado pelo sopro de Francisco, sentiu tal doçura em sua alma e tanta consolação espiritual como jamais sentira em toda a sua vida.

Hugolino diz não

Passando por Florença, dirigindo-se à França, Francisco resolveu visitar o Bispo e Cardeal de Óstia, Hugolino, sobrinho do Papa Inocêncio III e futuro Papa Gregório IX que lá residia.

Mencionou ao Bispo que estava de viagem para a França.

No que o Bispo discordou. Que desistisse da viagem e se dedicasse aos frades que o seguiam na Itália.

Ainda mais que enfrentaria grandes perigos na França, onde não poderia contar com a proteção que tinha na Itália, posto os sacerdotes franceses, naquele tempo, serem muito ciumentos e poderiam ver em Francisco alguém a disputar-lhes autoridade e poder.

Francisco curvou-se à autoridade do Bispo e desistiu da viagem, voltando ao vale de Espoleto.

Alegria

Francisco sempre afirmava:

— O remédio mais seguro contra as armadilhas e astúcias dos inimigos espirituais é a alegria.

— A maior satisfação do diabo é quando pode roubar as alegrias espirituais do servo de Deus. Ele carrega um pó para jogar nos menores desvios da consciência, para emporcalhar a candura da mente e a pureza da vida.

— Porém, quando os corações estão cheios da alegria espiritual, a serpente derrama à toa seu veneno. Os demônios não conseguem fazer mal ao servidor do Cristo quando ele está transbordando da santa alegria.

— Quem tem o ânimo abatido, desolado ou melancólico é facilmente dominado pela tristeza ou por falsos prazeres.

Por isso Francisco vivia sempre no júbilo do coração; evitava com muito cuidado a horrível doença da tristeza, a tal ponto que ao surgir qualquer sombra contra sua alegria, espantava-a com a luz da oração.

A alegria da música

Estando em Rieti, atendendo ao Bispo e Cardeal de Óstia, Hugolino, sobrinho do Papa Inocêncio III e futuro Papa Gregório IX, como já mencionamos, para tratar da vista, chamou um dos irmãos, que antes de ser frade era citarista.

A cítara é um instrumento com várias cordas esticadas sobre um caixa que produz a ressonância, em palavras rudes: uma pequena harpa montada sobre uma caixa.

Pediu ao referido irmão que discretamente conseguisse uma cítara emprestada e tocasse algumas músicas bonitas, para alívio das dores produzidas por sua enfermidade.

O irmão recusou-se:

— Tenho muita vergonha de fazer isso; poderão pensar que cedi a uma tentação e estou voltando à minha vida de leviandade.

Francisco não insistiu:

— Vamos então esquecer meu pedido. Há coisas que é melhor deixar de fazer, para não ferir a boa reputação.

Noite alta, Francisco, deitado, mantido acordado por suas enfermidades, pensa no Deus de amor...

Um som de cítara faz-se ouvir, está tocando uma música vibrante e de uma suavidade intensa.

Francisco não vê ninguém, mas pela direção do som, percebe um citarista caminhando de lado para outro.

A música belíssima faz com que esqueça suas dores, adormeça, abandone o corpo e se veja num mundo de harmonia e perfeição.

No dia seguinte, encontrando o frade, ex-citarista, contou-lhe o sucedido durante a noite.

— O Senhor que consola os aflitos, não me deixou sem consolação. Eu não podia escutar as cítaras dos homens e acabei ouvindo outra muito mais bonita.

Francisco gostava de cantar e o fazia normalmente em francês, por vezes, inclusive compunha canções de improviso, sobre temas que tinham como fundo o amor de Deus.

Era comum pegar um pedaço de pau, por ao ombro e tomar um arco com um fio retesado e esfregá-lo na madeira, como se fosse um violino e dançava suavemente balançando o corpo com ritmo.

Ia através da canção, penetrando cada vez mais as verdades celestiais, acabando extremamente comovido, mergulhado em lágrimas, não conseguindo prosseguir em virtude de profundas emoções.

Cuidar do corpo

Recomendava que cuidássemos do corpo para reduzir ao mínimo os inconvenientes das enfermidades e dores, e na medida do possível satisfazer-lhe as necessidades como a fome, a sede, o sono, o agasalho, que podem contribuir para a tristeza. Dizia ainda:

— Mas se depois de bem alimentado e agasalhado, o burrinho ainda tem queixas e empaca, não devem ceder a ele e a peso do chicote da vontade, devem pô-lo no caminho e educá-lo para perder essas manhas.

Compartilhar alegria, reservar a tristeza

Certa feita, estava em sua presença um frade com o semblante triste e aborrecido.

Francisco resolveu intervir e repreendeu o irmão:

— Um servo de Deus não deve mostrar-se triste ou carrancudo, mas sempre sereno. Resolve teus problemas no teu quarto, chora e geme na frente do teu Deus. Mas quando estiveres junto aos teus irmãos, abandona o aborrecimento e trate de se comportar como um deles.

Logo depois complementou:

— Os inimigos da salvação humana me odeiam, mas como não podem me perturbar, perturbam aqueles que estão comigo.

Certa feita, numa reunião geral dos frades, mandou escrever:

"Cuidem os frades de nunca se mostrar mal-humorados e hipocritamente tristes. Mostrem-se jubilosos no Senhor. Alegres e felizes, simpáticos como convém."

Com efeito, alegria e tristeza são contagiosas, é melhor contagiar com alegria.

Lembra-me Fénelon, bispo francês, que dizia:
— Quem é mal-humorado não ama a Deus.

Concluindo, com um conselho exemplar:
Onde há pobreza com alegria, não há cobiça nem avareza.
Francisco de Assis – Admoestações

Muçulmanos

Francisco tinha grande apreço pelos livros que tratavam de Deus, e não desconsiderava o Alcorão.

Tomas de Celano relata que certa feita um frade lhe perguntou:

— Por que você trata com igual apreço os livros dos muçulmanos[7] e os livros dos cristãos?

Ao que Francisco respondeu:

— Esses livros contêm as letras com que se escreve o nome do Senhor. O que há de bom neles não pertence aos muçulmanos nem a ninguém em particular, mas somente a Deus, de quem são todos os bens.

Francisco tinha o ideal de levar a prática do amor a Deus e às criaturas aos muçulmanos que, assim como os católicos, tinham essa informação registrada em seus livros sagrados, mas a maioria dos profitentes de ambas as crenças não a praticavam.

[7] No original Celano usa a expressão "pagãos" ao invés de muçulmanos. Expressão inadequada, posto o Islamismo afirmar a Unicidade de Deus, os livros de Moisés e a santidade de Jesus.

Embarcou num navio em Ancona e foi diretamente para a província de Damietta, porto do mediterrâneo, próxima ao delta do Nilo.

A maior parte da província estava em poder dos muçulmanos, duras e sangrentas batalhas se travavam.

Aquela violência sangrenta e enlouquecida em nome de Deus, o mesmo Deus descrito no Alcorão muçulmano como:

Louvado seja Deus, Senhor do Universo, o Clemente, o Misericordioso.

(Alcorão cap 1, vers 2-3)

E no novo testamento cristão como: *Deus é amor (1 João 4:8),* entristeceu sobremaneira Francisco.

Havendo uma trégua entre os combatentes, Francisco a aproveitou para dirigir-se ao sultão Malik-al-Kamil.

Foi acolhido pelo sultão de forma muito cordial.

Estando com o sultão e com mais alguns homens de sua confiança, entre eles seu conselheiro espiritual Fakhr-al-Din-Farisi, Francisco escolheu o versículo 46, da 5ª Surata, Almadia, do Alcorão onde Deus diz por intermédio do profeta Maomé:

"E depois deles (os profetas), enviamos Jesus, filho de Maria, confirmando a Torá[8] que o precedeu, e lhe concedemos o Evangelho, que encerra orientação e luz, que confirma o que foi revelado na Torá e exortação para os que temem (a Deus)."

(Alcorão, Surata 5, vers 46)

Francisco iniciou pela primeira afirmação, que já a Torá afirmava a futura vinda de Jesus, e depois a segunda afir-

[8] A Torá consiste nos cinco livros de Moisés, que são livros sagrados para judeus, cristãos e muçulmanos. Os cristãos colocam esses cinco livros no início do chamado "Velho Testamento" e são conhecidos como "O Pentateuco".

mação de que Jesus confirmou explicitamente a Torá, não somente afirmando "Eu não vim para destruir a lei, mas para cumpri-la", mas também por meio dos seus atos.

O sultão ouviu prazerosamente aquela voz que falava de orientação e luz, explicitando a presença do Altíssimo em todas as circunstâncias, mesmo nas mais dolorosas; sentiam também o profundo amor a Deus e às criaturas que aquele homenzinho, alquebrado, pobrezinho e quase cego transmitia, inundando todos os corações com sua profunda paz interior.

Por várias vezes o Sultão se comoveu, chegando às lágrimas.

O sultão pediu a Francisco que voltasse outras vezes para ouvi-lo mais e fortalecer sua fé em Deus e entender melhor o que era "praticar o bem".

Francisco permaneceu quase um ano no Egito e imediações.

Estando na Palestina, visitando os locais onde Jesus viveu, chegaram notícias tristes que impunham a sua volta:

Uma profetiza cigana, que tinha justamente o título de "Verídica", o procurou revelando-lhe que os Espíritos lhe pediram para transmitir-lhe as seguintes palavras:

— Volta, volta, porque pela ausência de frei Francisco a ordem está conturbada, dividida e dispersa.

Concomitantemente, um frade, corajosamente, atravessara o oceano e lhe trazia uma cópia das novas "Constituições" que dois frades haviam redigidos desfigurando seus ideais evangélicos, trazia também a notícia que houvera uma dissensão: um frei reunira um grande número de necessitados e abandonara a ordem para fundar uma nova.

Francisco voltou para a Itália.

O aumento das dores

A Ordem dos Franciscanos e das Clarissas se espalhara pelo mundo, o número de frades e freiras se contava aos milhares.

Mas junto com esse crescimento quantitativo havia uma diminuição qualitativa.

Os ideais de pobreza espiritual e material, o amor ao próximo e a Deus, eram sepultados. Muitos procuravam fazer-se frades e freiras para simplesmente fugirem dos problemas do dia a dia, levando uma vida de ócio pontilhada de pequenas intrigas, jogos pela supremacia, destaque ou poder, pequenas vinganças...

A alta hierarquia da Igreja Romana não ajudava, dominada que estava pela cobiça, orgulho, vaidade e crueldade.

Chegando do Egito, Francisco foi diretamente ao papa, Inocêncio III, buscando um documento com a sanção do Papa que daria a autoridade necessária para manter seus ideais, evitar dissensões, fortalecer a ordem.

Depois de várias negociações, ele consegue um estatuto aprovado pelo papa, mas com muitas dilacerações: são eliminadas do documento citações evangélicas; é abolida a rigorosa pobreza, tornando-se permitida a posse de livros pelos frades; a pregação entre os muçulmanos é retirada; a obrigação do trabalho é muito abrandada; a afirmação de que era Deus que inspirava os homens a se tornarem companheiros de Francisco é retirada; é excluída a cláusula que permitia se rebelar contra os superiores, caso estes fossem indignos; os textos que falam da obrigação de cuidar de leprosos são excluídos.

Inicia-se, à semelhança de Jesus, a paixão de Francisco; assim como Jesus é abandonado pela multidão restando apenas os doze, também os ideais de Francisco são abandonados por muitos, restando, no entanto, um grupo de fiéis seguidores, entre os quais se ressaltam as figuras de Clara e Bernardo.

Ao voltar ao querido "Pedacinho de Santa Maria", depois da longa ausência, Francisco se depara com um belo edifício construído em pedras e cal, substituindo as choças de palha e barro que hospedavam os frades.

A construção fora idealizada pelos frades que compunham o conselho que dirigia o local.

Ao chegar, Francisco, num gesto espontâneo, muito próprio seu, conquanto enfermo e enfraquecido, sobe no telhado do edifício e começa a desmontá-lo. O edifício era uma afronta à sua noiva, a Santa Pobreza que Jesus tanto amou.

Alguns soldados que estavam no local o detém, dizendo que a habitação não pertencia a ele e sim à cidade de Assis.

Francisco se recompõe, os soldados estavam certos, ele nada possuía.

Concentrando-se na oração, Francisco, fortalecido, acata a vontade suprema, a vontade do Bom Deus que permitia aqueles enganos para que o coração dos homens se revelasse e eles pudessem então ser curados de suas mazelas morais.

O Calvário de Francisco

À semelhança de Jesus que, aproximando-se o fim de sua tarefa aqui na Terra, foi abandonado primeiramente pela multidão e a seguir pelos apóstolos, negado por Pedro e, no fim, ao chegar ao Calvário, só havia João e sua mãe.

Francisco sentia-se, conquanto as multidões que o cercavam, isolado nos seus ideais.

Havia, na verdade, frades fiéis aos ideais de amor, humildade e desprendimento, mas muitos não os compreendiam.

As multidões se encantavam com os fenômenos que o cercavam, mas a maioria não entendia que esses aspectos exteriores eram secundários, o centro era o amor espiritual.

Clara, Bernardo, Leão e outros, mantinham-se fiéis, alegrando-se em meio às dores com a doçura do amor espiritual, acolhendo amorosamente os inimigos espirituais e olhando a ignorância que dominava a maioria com olhos bons e amorosos, mas a maioria se perdia, aderindo à ordem com uma compreensão equivocada da religião, presos aos aspectos exteriores, sem compreender e viver a essência do ensinamento.

Achavam os exemplos de Francisco inviáveis de serem seguidos, e que só poderiam ser praticados por Espíritos escolhidos por Deus; quando Francisco proclamava que qualquer um poderia eleger o amor a Deus e às criaturas como lema, consideravam que ele falava isso por modéstia e humildade, mas que suas afirmações eram falsas.

Esses desvirtuamentos atordoavam Francisco, produzindo em seu espírito grandes dores morais.

O Evangelho era a resposta à incompreensão humana, notadamente quando expõe os ensinamentos e exemplos de Jesus na derradeira etapa de sua vida aqui na Terra.

Monte Alverne

Monte Alverne era o lugar adequado para meditar e orar, objetivando compreensão, fortaleza e consolação, face às fraquezas e ignorância humana.

Suas rochas duras e abruptas, seus horizontes alargados, sua água cristalina, seu silêncio humano, seus pássaros serenavam o coração.

Francisco tornou-se um frequentador assíduo de Monte Alverne.

Os estigmas

Na cena do Calvário, na crucificação, Jesus apresenta cinco feridas: as primeiras quatro feitas pelos pregos que lhe atravessaram as mãos e pés para fixá-lo na cruz e, a quinta, provocada por um soldado que lhe cravou uma lança no lado direito do peito.

Para mim elas têm o seguinte significado:

Nas mãos, simbolizando que as obras do bem têm sua parcela de dor.

Ao resgatarmos os pecadores de seus justos sofrimentos, sofrendo com os que sofrem, chorando com os que choram, também seremos alcançados pelos seus sofrimentos.

A mim, vem a figura de um homem tirando com os braços outro homem das águas em que se afoga; evidentemente, os braços do homem salvador serão molhados; ou em imagem mais forte, ao um homem tirar outro das chamas, ele será chamuscado pelo fogo.

O Bom Deus acrescentou ao amor o compartilhamento e esse compartilhamento implica, em alguma medida, compartilhar o sofrimento.

As feridas nos pés simbolizam que o caminho do bem e do amor, na busca da necessidade e do sofrimento humano, terá igualmente suas dores.

A quinta chaga, feita pelo soldado na cena do Calvário, enfiando uma lança em seu peito para certificar-se de sua morte, da qual minou água e sangue do peito de Jesus, parece significar duas coisas:

As últimas dores provindas do mundo carnal não mais atingirão aquele que se libertou do mundo e já habita o plano espiritual.

O fato de derramar-se água e sangue significa que as coisas materiais, a vida carnal, não são mais necessárias àquele que venceu o mundo.

A bondade de Deus, procurando auxiliar Francisco na sua aproximação de Jesus, permitiu um singular fenômeno.

Estando Francisco em suas orações e meditações em Monte Alverne, surgiram feridas em suas mãos, nos pés e no peito, manchas roxas e negras, para que lembrasse vivamente as cinco chagas de Jesus.

Francisco, em vida, a ninguém revelou esse acontecimento, porém, após sua morte, ao preparem seu corpo para o sepultamento, depararam-se com as cinco chagas.

Assim como o seu nascimento teve uma semelhança com o nascimento de Jesus, na sua morte também teve feridas que lembravam a morte do Mestre.

Embora essas chagas não fossem apenas aparentes, mas trouxessem também dores físicas e morais a Francisco, constituíam uma grande consolação, pois indicavam que ele estava no caminho certo, no caminho de Jesus, e facilitavam-lhe sentir a presença de Jesus em todos os momentos.

Salmos Consoladores

Davi, que foi rei em Israel, inunda nosso coração de afeição.

É belo o contraste de fraqueza e força que sua alma mostra.

Fraqueza, quando apaixonado por Betsabá, a engravida em longa ausência do marido, Urias.

Para livrar-se do escândalo, conduz à morte Urias, incidindo no delito do homicídio, com os agravantes do planejamento e da motivação torpe.

Força, quando enfrenta o gigante Golias, defendendo Israel dos filisteus, ou quando suplica a Deus que o leve, ao invés de seu filho, gerado na relação adulterina com Betsabá.

Mais pleno de beleza, é quando extravasa sua alma nos cânticos dirigidos a Deus, cujas letras chegaram até nós por meio dos registros dos Salmos, contendo perto de 150 poemas.

Os Salmos foram agrupados em cinco livros, no primeiro quase todos os Salmos são atribuídos a Davi, nos demais livros há Salmos de Davi e de outros autores.

Clara e suas irmãs, em seu trabalho de atendimento aos necessitados, onde as carências morais eram muito maiores que as carências materiais, a imersão no sofrimento humano era intensa e dolorosa.

Muita vez, em virtude das perturbações espirituais e morais, aliadas às dores físicas, as irmãs eram agredidas, caluniadas e incompreendidas pelos necessitados.

Para suportar essas dores com proveito e levar algum consolo aos necessitados, era necessária uma fortaleza espiritual, uma fé sólida que pudesse conciliar o amor de Deus com a miséria e o sofrimento da criatura humana.

Tendo principalmente em vista as atividades de Clara, Francisco compôs cânticos com base nos Salmos, introduzindo pequenas modificações para aclarar-lhes o sentido, ou enfatizar determinadas afirmações.

Eis um deles:

Ó Deus, a você expus minha vida: – tenha presente, diante dos seus olhos as minhas lágrimas.

Todos os meus inimigos urdiam males contra mim, – reuniram-se em conselho contra mim. Pagaram-me o bem com o mal – e meu amor com o ódio.

Em resposta ao meu afeto me acusaram; – eu, porém, orava.

Meu Santo Pai, Rei do Céu e da Terra, não se retire de mim – porque a tribulação se aproxima e não há quem me socorra.

Serão repelidos os meus inimigos no dia em que eu invocá-Lo;

— eis que eu reconheci: você é o meu Deus.

Meus amigos e meus companheiros aproximaram-se de mim com hostilidade e se puseram contra mim – e meus companheiros permaneceram à distância.

Você afastou de mim meus amigos, tornou-me um objeto de horror para eles; estou aprisionado sem poder sair.

Meu Santo Pai, não afaste de mim o seu auxílio – meu Deus, venha em meu auxílio.

Venha depressa em meu auxílio – Senhor Deus de minha salvação!

O irmão lobo

A cerca de 50 km ao norte de Assis fica a cidade de Gúbio.

Surgiu nas cercanias da cidade um lobo, enorme e feroz que atacava não somente ovelhas e cabras, mas também seres humanos, notadamente crianças.

O pânico espalhou-se pela cidade, pois o animal, além de grande e forte, era muito inteligente e ardiloso.

Francisco, compadecido dos habitantes da cidade, decidiu procurar o animal.

Vários cidadãos o desaconselharam, mas como estivesse decidido, resolveram acompanhá-lo.

Mas, afastando-se da cidade, os companheiros se acovardaram e desistiram, e o pobrezinho Francisco, descalço e desarmado, prosseguiu em sua busca, acompanhado apenas pelo amor a Deus.

O Deus bom e perfeito, que havia criado os lobos, que contribuíam para a harmonia da natureza.

Guiado pelo amor a Deus, o pobrezinho encontrou o lobo.

Como era seu hábito, passou a conversar com ele, sem nenhum temor, mas envolvido pelo amor.

— Irmão lobo, venho em paz ao teu encontro, em tudo há bondade, em você também. Todos necessitamos da caridade, tanto para praticá-la como para recebê-la. Venha até mim, nada possuo, mas posso acariciá-lo demonstrando meu afeto.

E o lobo, conquanto não compreendesse as palavras, sentia o amor que se derramava daquele ser pacífico e bom e aproximou-se de Francisco que passou a afagá-lo, passando a mão em seu pelo macio.

E Francisco falou-lhe sobre Jesus, que deveria mudar sua conduta, que viesse com ele, que morariam juntos e seriam muito amigos.

Francisco então voltou à cidade, tendo o lobo ao seu lado, como se fosse um cão doméstico afeiçoado ao dono.

Levou então o lobo para o "Pedacinho de Santa Maria".

Os frades receberam com surpresa o "novo irmão".

O lobo passou a trabalhar à noite como cão de guarda, de dia era comum vê-lo como uma cesta presa aos dentes, andando pelos arredores, onde os moradores punham alguma esmola, principalmente pães, que ele levava para os frades.

Porém, Francisco, já se encaminhando para o fim de sua missão na Terra, viajava muito, pouco ficava no "Pedacinho de Santa Maria".

Era comum que suas ausências durassem meses.

Como já dissemos, em suas andanças, ia a oeste até a Espanha e ao sudeste até o Egito.

Na ausência de Francisco, o lobo sentia a carência do amor e a fome de alegria, pois não era um animal de aspecto simpático.

E alguns moradores passaram a tratar mal o pobre animal: atiravam-lhe pedras em meio a insultos.

Vários frades, considerando a sua presença inconveniente, principalmente quando se aproximava da cozinha ou do local das orações, o enxotavam com varadas e pontapés.

Certa feita, numa longa ausência de Francisco, não suportando os maus tratos, o lobo fugiu.

Voltando à floresta, reassumiu sua vida de animal carniceiro.

Ensinando aos Soldados

Dada a fama de Francisco, e sendo ele de Assis, o povo desta cidade não queria que ele morresse em outro lugar e a cidade perdesse a honra de ter o seu túmulo.

Sabendo que Francisco estava em Nocera, cidade a cerca de 400 km de Assis, o povo de Assis constituiu uma delegação que fosse até Nocera e o trouxesse de volta a Assis.

Os cavaleiros partiram, a viagem durou cerca de dez dias; chegaram a Nocera e Francisco acedeu de bom grado em voltar para Assis.

Os cavaleiros o trouxeram de volta com muito cuidado e reverência, dado o seu estado de saúde.

No caminho, pararam numa vila muito pobre chamada Satriano.

Como estivessem com fome, procuraram pela vila algo que pudessem comprar para comer. Não acharam nada. Disseram então a Francisco:

— Você vai precisar dar-nos suas esmolas, porque aqui não há nada que se compre.

Francisco respondeu:

— Não encontraram nada porque confiaram mais nas moscas que em Deus. Francisco chamava o dinheiro de "volare" que em italiano pode significar "mosca" ou "voar". E prosseguiu:

— Voltem às casas por onde passaram, ofereçam o amor de Deus em vez de dinheiro e peçam esmola com humildade. Não precisam envergonhar-se, porque depois de termos errado muito, tudo é como uma esmola que Deus nos dá com seu infinito amor, aos justos e injustos aos bons e aos maus.

Os soldados deixaram de lado o respeito humano e foram pedir aos aldeões, dizendo coisas como:

— Estamos com fome; você não pode nos dar alguma coisa para comer, pelo amor de Deus?

Os pobres aldeões daquele vilarejo acharam tudo aquilo muito divertido e engraçado, e todos queriam dar alguma coisa.

E naquela delegação ninguém passou fome, e os aldeões se despediram de todos alegremente com expressões de afeição, desejando-lhes boa viagem.

Não devemos ter vergonha de pedir, quando o pedido é honesto e sincero.

Se nos mostramos tímidos, se o nosso rosto se avermelha por nossa candura, por sentirmos dificuldade de expressão, ou por estarmos inseguros em face da tarefa, isso é bom e louvável.

Se a vermelhidão nasce da vergonha, do orgulho ferido, isso não é bom.

A despedida

Chegando a Assis, Francisco resolveu ficar com seus irmãos no "Pedacinho de Santa Maria" para aguardar a morte, que sabia próxima, segundo as revelações que o Alto lhe fizera.

Tinha consciência de que era a última vez que ali estaria em corpo carnal.

Reencontrando o irmão lobo

Suas enfermidades se agravavam, enxergava com dificuldade, mesmo assim, procurou pelo irmão lobo.

Não o encontrando em parte alguma, perguntou por ele aos frades, que lhe informaram que o animal tinha ido embora, voltado para a floresta.

O pobrezinho, embora prematuramente alquebrado, partiu solitário em busca do irmão lobo, conquanto a oposição dos frades, que temiam pela sua saúde.

Firme na oração, guiado pelo amor ao animal, após dois dias de caminhada Francisco o encontrou.

O lobo perseguia uma lebre indefesa.

Francisco chamou o lobo e pôs-se a conversar com ele.

— Irmão lobo, o que é isto? Esqueceu as lições de amor que te dei em nome de Jesus?

O lobo, pondo a cauda entre as pernas, abaixou a cabeça.

E Francisco, fixando-o, passou a ver as cenas de humilhação e sofrimento que o lobo passara, era como se a memória do animal contasse o que ele havia sofrido:

"Santo amigo, não pude suportar a sua ausência, acreditava que o seu sonho de amor e paz fosse uma realidade, mas carrego ainda as cicatrizes das pedras, pauladas e até brasas que me atiraram. A não ser você, ninguém me tratou com amor, embora sempre procurasse ser útil. Deixe que eu siga meu caminho, sou apenas um lobo, fera solta nas florestas."

Mas Francisco, conquanto de corpo enfraquecido, tinha a alma fortalecida no amor às criaturas e falou ao lobo:

— Irmão lobo, o caminho do bem é o caminho de Jesus, que aceitou a cruz no derradeiro testemunho. Devemos perdoar sempre qualquer ofensa recebida. Volta comigo, irmão, eu também carrego na alma as cicatrizes das calúnias e provações. Sinto-me muito cansado, mas a Fé no Senhor é uma luz em meu coração. Continua, irmão lobo, ao meu lado, guarda-me com seu afeto incondicional. Preciso de você, as tuas cicatrizes são irmãs das minhas. Volta comigo.

O lobo tirou a cauda de entre as pernas, abanou-a para levar ao amigo sua alegria, e seguiu Francisco de volta ao "Pedacinho de Santa Maria".

Lá chegando, não abandonou Francisco, ficando sempre próximo, como seu guardião amoroso.

Uma preocupação

Sabendo que a morte se aproximava, Francisco preocupou-se com o destino de sua família espiritual, em parte desvirtuada dos ideais evangélicos. Sabia que as forças espirituais trevosas, aproveitariam cada brecha para destruírem o edifício da renovação da mensagem cristã. Com toda humildade e profunda angústia, refletia:

— Que será, depois da minha morte, da Tua família pobrezinha, que a Tua bondade confiou a mim? Quem a confortará? Quem pedirá por ela? Como ela poderá se fortalecer nos exemplos de amor, humildade e desprendimento?

Enquanto pensamentos como esses, passavam pela sua mente, entremeados com suas orações, eis que um Espírito do Senhor torna-se visível à sua sensibilidade profunda e lhe fala:

— Porque te perturbas, pobre homenzinho? Porventura o poder que Deus te deu sobre teus irmãos te fez esquecer que Deus é o principal protetor desta família? Se Deus o escolheu, foi para mostrar a todos que o trabalho é feito foi por Ele e não por ti. Por mais que os ame, o que é o teu amor perante o amor que Deus tem por eles? Deus te chamou, te guardou e te alimentou; igualmente chama, guarda e alimenta todas as criaturas. Se alguns caírem, Deus os levantará por teu intermédio, ou valendo-se de outros. Se as perseguições, notadamente as espirituais, se abaterem sobre seus irmãos, a misericórdia e a justiça de Deus se estenderão sobre perseguidos e perseguidores.

Ouvindo essas palavras que fluíam do Altíssimo, pela boca daquele enviado de Deus, Francisco serenou-se sobremaneira, relembrando que o amor de Deus se derrama sobre todas as criaturas, e se a vontade de Deus nos escolhe para sermos o veículo do seu amor, essa mesma vontade pode tornar qualquer criatura igualmente veículo do seu amor.

Clara

Clara, sabendo que Francisco chegava ao fim de sua estada na Terra, teve muita vontade de vê-lo, mas, gravemente enferma, não podia locomover-se.

Enviou-lhe um frade com essas notícias.

Porém Francisco não poderia atendê-la pelo estado adiantado de sua enfermidade, mas para que ela se consolasse enviou-lhe uma carta contendo um pequeno cântico, que o mensageiro levou de volta para Clara.

A pequena canção, da qual ignoramos a música, tinha a seguinte letra:

Ouçam, pobrezinhas, chamadas pelo Senhor,
De muitas partes e províncias reunidas,
Vivam sempre na verdade,
Para morrerem na obediência.
Não guardem a vida de fora
Que a do Espírito é melhor.
Eu lhes peço pelo grande amor
Que sejam discretas
Quanto às esmolas que lhes dá o Senhor
As que estão com enfermidades graves
E as outras que por elas estão afadigadas
A tudo suportem em paz.
Venderão muito caro essa fadiga.
E no céu, serão coroadas,
Junto à Virgem Maria.

Obediência

Nessa canção, gostaríamos de tecer algumas considerações sobre duas palavras:

A primeira é "obediência": Devemos consentir que Deus nos dê dores e provações. Esse consentimento tem duas dimensões. O consentimento do coração, chamado também de resignação, e o consentimento da razão, chamado também de obediência.

Esse consentimento não é passivo, Deus enviou-me uma enfermidade, eu não me revoltarei, eu não fingirei que estou sadio; racionalmente aceitarei que tenho uma enfermidade, enviada pela sabedoria, justiça e amor de Deus. Posto isso, o que me compete racionalmente fazer? Tratar a enfermidade, curar-me; se a enfermidade for incurável, tomar as devidas providências para amenizá-la; se ela for mortal, preparar-me devidamente para a morte.

Esmola

A segunda é "esmola": a letra da canção refere-se especificamente às esmolas que Deus nos dá. Ó como é generoso nosso Pai que está no Céu! Quantas bênçãos nos advêm, que não são produto de nosso trabalho, ou dos nossos méritos, mas sim manifestações da misericórdia e amor de Deus. Mesmo as enfermidades são esmolas de purificação.

A memória me traz um professor, Virgílio, descrente, arrogante, tratava com escárnio as dores que surgem no caminho dos homens.

A lepra o atingiu, o desfigurou, o cegou, e ele passou a ver outras realidades, tornou-se compassivo, terno, sensível as dores alheias.

Naquela rude provação abriu-se-lhe a fé, e passou a ver o amor ensinado por Jesus.

Conquanto as suas limitações, a muitos auxiliou, a muitos deu seu amor, e foi igualmente muito amado.

Depois de morto, agradeceu de joelhos a esmola da lepra, enfermidade que lhe abriu as portas do amor e consequentemente as do céu.

Sabedoria

Mas a abençoada Clara compreendia essas coisas com facilidade, e aquela simples canção era grande e bela, justamente por ser simples; era rica ao chamá-la de pobrezinha, trazia-lhe força e alegria, ao lembrar-lhe que era enferma.

Assim era o milagre das palavras de Francisco; a visão que elas comunicavam invertia as realidades humanas, substituindo-as pelas realidades espirituais. Como explicava o apóstolo dos gentios[9]:

— A sabedoria da cruz é loucura perante a sabedoria do mundo, e a sabedoria do mundo é loucura perante a sabedoria da cruz.

Consolando os irmãos

Pela sua extrema fraqueza e com o avanço das doenças que o atacavam, principalmente a febre, que se tornava evi-

[9] Paulo Apóstolo.

dente pelos tremores que provocava, os frades perceberam claramente que Francisco estava vivendo os últimos dias de sua existência terrestre. Muitos choravam abertamente na sua presença.

E naqueles últimos dias, Francisco procurava de várias formas consolá-los.

Num determinado dia, pediu-lhes que trouxessem um pão.

Abençoou e deu um pedacinho para cada um comer. Quando comeram aqueles pedacinhos de pão, sentiram como se ele se desfizesse em suas bocas, e experimentaram uma sensação de paz extremamente agradável, alguns ficaram até sonolentos.

Com relação a regras e normas, aproveitou aqueles dias para ressaltar que a máxima norma de vida é o Evangelho de Jesus, e a regra básica é o amor a Deus e às criaturas.

Por vezes, solicitava que lessem algum trecho do Evangelho, como o início do Capítulo 13 do Evangelho Segundo São João, que era um dos seus preferidos:

Antes da festa da Páscoa, sabendo Jesus que chegara a sua hora de partir deste mundo para o Pai, tendo amado os seus, que estavam no mundo, amou-os até o fim.

Enquanto ocorria a ceia, já tendo o diabo lançado no coração de Judas Iscariotes, filho de Simão, para que o entregasse, sabendo que o Pai lhe deu todas as coisas nas mãos e que ele viera de Deus e partia para Deus, levanta-se da ceia, depõe a veste e, tomando um pano de linho, cingiu-se.

Então, jogando água na bacia, começou a lavar os pés dos discípulos e enxugá-los com o pano que estava cingido.

Vindo, pois, até Simão Pedro, este lhe diz:

— Senhor, tu lavas os meus pés? Em resposta Jesus lhe disse:

— O que eu faço agora não sabes, mas depois saberás estas coisas. Pedro lhe diz:

— Jamais lavarás os meus pés, por todo o sempre.

Respondeu-lhe Jesus:

— Se eu não te lavar, não tens parte comigo.

Simão Pedro lhe diz:

— Senhor, lava não somente meus pés, mas também as mãos e a cabeça. Jesus lhe diz:

— Quem foi banhado, não tem necessidade de lavar senão os pés, já que está inteiramente limpo, e vós estais limpos, mas não todos. Pois sabia quem o entregaria. Por isso, disse "Nem todos estais limpos".

Assim, depois que lavou os pés deles, tomou a sua veste e novamente se recostou, disse-lhes:

— Sabei o que vos fiz? Vós me chamais "o Mestre" e "o Senhor", e dizeis bem, pois eu o sou. Portanto, se eu, sendo o Mestre e o Senhor, lavei vossos pés, também vós deveis lavar os pés uns dos outros, pois eu vos dei o exemplo para que, assim como eu fiz, façais vós também. Amém, amém vos digo, pois o servo não é maior do que seu senhor, nem o enviado maior do que aquele que o enviou. Se sabeis estas coisas, bem-aventurados sois se as fizerdes.

De outra vez cantou o salmo 141, composto pelo Rei Davi:

Iahweh, eu te chamo, socorre-me depressa!
Ouve minha voz, quando clamo a ti.
Livra-me de meus inimigos, Iaweh,
pois estou protegido junto a ti.
Ensina-me a cumprir a tua vontade,
pois tu és o meu Deus;

que teu bom Espírito me conduza
por uma terra aplainada.
Por teu nome, Iaweh, tu me conservas,
por tua justiça me tiras da angústia,
por teu amor aniquilas meus inimigos
e destróis meus adversários todos,
porque eu sou um servo teu!

Bernardo e Elias

Francisco, já próximo do fim, sentiu enorme saudade de Bernardo, seu primeiro filho espiritual, e interrogou:

— Onde está Bernardo, o meu filho primogênito?

E suplicou:

— Vem até mim, meu filho, quero abençoá-lo e bendizê-lo antes de morrer.

Mas Bernardo ficou constrangido, pois era um simples frade, enquanto o principal da ordem era Elias. Pediu então a Frei Elias para que se pusesse à direita de Francisco e recebesse sua bênção.

Mas Francisco, que havia já perdido a visão, ao colocar a mão sobre a cabeça do frade disse:

— Essa não é a cabeça do meu primogênito, Bernardo.

Então Bernardo se pôs à sua esquerda e Francisco colocou a mão direita sobre Bernardo, e a esquerda sobre frei Elias, ficando com os braços em cruz.

E passou a abençoar Bernardo:

— Abençoe-te o Pai de Nosso Senhor Jesus Cristo com todas as bênçãos espirituais, pois você foi o primeiro, escolhido por Deus nesta ordem para dar o exemplo Evangélico e seguir a Cristo na pobreza evangélica: porque você deu o que possuía e distribuiu inteira e livremente com os pobres por amor ao Cristo e ainda ofereceu a você mesmo nesta ordem num sacrifício de suavidade.

E após pequena pausa, prosseguiu:

— Bendito seja, pois, por Nosso Senhor Jesus Cristo e por mim, seu pobrezinho servo, com bênçãos eternas, quer caminhando, repousando, velando e dormindo, vivendo e morrendo. Seja o principal entre seus irmãos, obedeçam todos os irmãos ao que você ordenar, você poderá receber ou expulsar a quem quiser e nenhum irmão terá poder sobre você e você poderá ir e habitar onde quiser.

Francisco não fez nenhuma referência a Elias. Conquanto a autoridade máxima da ordem, Frei Elias não aceitava integralmente os ideais evangélicos de Francisco, embora o respeitasse e venerasse. Para Elias, Francisco era uma bandeira que atraía as massas, prestígio, poder e dinheiro e que por isso devia tremular no topo do mastro; porém os ideais e exemplos de Francisco de amor integral a Deus e às criaturas numa visão de total desprendimento e completa humildade, eram quimeras, sem senso prático e inviáveis no trato das coisas humanas.

E ali, no leito de morte, Francisco proclamava mais uma vez a primazia do Evangelho pelo desprendimento, afirmando Bernardo, que era o principal exemplo da vivência dos ensinamentos de Jesus, silenciando sobre Elias, apenas um administrador, preocupado com os valores humanos.

Seu esforço valeu, reforçando a autoridade moral de Bernardo.

Nos movimentos da vida é frequente o confronto da autoridade moral com a autoridade constituída.

De um lado, Jesus, a autoridade moral; de outro o Sinédrio, a autoridade constituída.

A autoridade moral exerce seu poder no íntimo das criaturas; a autoridade constituída por meio das pressões exteriores.

O Sinédrio pensou silenciar Jesus, assassinando-o. Porém a mensagem da cruz prosseguiu iluminando o mundo no correr dos séculos; algumas décadas depois, o Sinédrio seria dissolvido, dentro dos movimentos políticos do Império Romano.

A autoridade moral dos franciscanos e clarissas contribuiria largamente para o aperfeiçoamento da humanidade, conquanto várias vezes as autoridades constituídas no governo dos conventos e da própria ordem sucumbissem aos tiranos do orgulho, do egoísmo, da sensualidade e mesmo do ódio, negando Jesus, Deus, e a sublime lei do amor, produzindo o escândalo, aqui entendido como todos os males consequentes da falência moral.

Mas o escândalo é útil e necessário para que as imperfeições do coração humano se revelem e possam ser resolvidas. Porém, lembrando as palavras de Jesus:

— *Ai do mundo por causa dos escândalos; pois é necessário que venham escândalos; mas, ai do homem por quem o escândalo venha.*

Do ponto de vista hierárquico, Frei Elias governaria a ordem por algum tempo, contaminando-a com seu entendimento acanhado e equivocado do Evangelho de Jesus.

Todavia, aqueles e aquelas que em suas vidas afirmaram os ideais de amor, humildade e desprendimento de Francisco e Clara, construíram obras eternas nos corações humanos.

Um lindo cântico

Francisco cantou também nessa ocasião uma composição que havia feito ainda na Igreja de São Damião, numa ocasião que estava adoentado e que foi aperfeiçoando durante sua vida.

Infelizmente perdeu-se a música, por não haver naquele tempo a notação musical, mas foi conservada a letra.

Altíssimo, onipotente, bom Senhor,
Teus são o louvor, a glória
E a honra e todo o bendizer.
Só a ti, Altíssimo, são devidos;
E homem algum é digno de nomear-te.

Louvado sejas, meu Senhor,
Com todas as tuas criaturas,
Especialmente o senhor irmão Sol
Pois ele é o dia
E por ele nos ilumina.
E ele é belo e radiante com grande esplendor.
E de ti, Altíssimo, porta o significado.

Louvado sejas, meu Senhor,
Pela irmã Lua e as estrelas
No céu as formaste claras
E preciosas e belas.

Louvado sejas, meu Senhor,
Pelo irmão Vento, e o ar, e as nuvens,
E o céu sereno, e toda espécie de tempo
Pelo qual às criaturas dás sustento.

Louvado sejas, meu Senhor,
Pela irmã Água
A qual é muito útil e humilde e preciosa e casta.

Louvado sejas, meu Senhor,
Pelo irmão Fogo
Pelo qual iluminas a noite.
E ele é belo e alegre
E vigoroso e forte.

Louvado sejas, meu Senhor,
Por nossa irmã e mãe Terra
Que nos sustenta e governa,
E produz variados frutos
E coloridas flores e ervas.

Louvado sejas, meu Senhor,
Por aqueles que perdoam por teu amor,
E suportam enfermidades e tribulações.
Bem-aventurados os que sofrem em paz,
Que por ti, Altíssimo, serão coroados.

Louvado sejas, meu Senhor,
Por nossa irmã a Morte corporal,
Da qual nenhum homem vivente pode escapar.
Ai dos que morrerem em pecado mortal!
Bem-aventurados os que cumpriram a tua Santíssima Vontade,
Porque a morte segunda não lhes fará mal!

Louvai e bendizei ao meu Senhor,
E dai-lhe graças,
E servi-o com grande humildade.

Esse canto me parece a versão de Francisco, das palavras de Jesus, pouco antes da sua morte: *Estejam tranquilos, eu venci o mundo.*

As cotovias

Francisco devotava uma especial afeição às cotovias. Falava muitas vezes que são um exemplo de vida religiosa:

— A irmã cotovia tem um capuz, como os religiosos; é uma ave humilde, como os religiosos devem ser, faz de boa vontade o seu caminho para encontrar alguma comida e, mesmo que a encontre no meio do esterco dos animais, tira-a e come. Assim como o religioso deve fazer de boa vontade o caminho para encontrar alguém que necessite de seu amparo, e mesmo que o encontre na mais profunda degradação, tira-o daquele estado e mostra-lhe o caminho da salvação. Voando, louva o Senhor, assim como os religiosos devem valorizar as coisas do Espírito, tendo em menor valor as coisas da Terra. Além disso, sua roupa, isto é, suas penas, parecem terra, dando exemplo aos religiosos que em sua aparência não devem se apresentar vaidosos, com uma imagem de valores mundanos, seja pelo vestuário, seja pelas palavras, seja pelos gestos, mas sim apresentarem-se simples e desprovidos, lembrando as palavras da escritura quando diz: "Tu és pó e ao pó tornarás."

E assim tinha um grande carinho por essas aves.

As cotovias são aves diurnas; tão logo surge o crepúsculo apressam-se a ir para as árvores para se aquietar e dormir.

Mas naquele último crepúsculo que Francisco esteve aqui na Terra, em corpo carnal, um bando de cotovias acorreu e ficou volteando e cantando com grande alarido sobre o telhado onde ele estava e prosseguiram mesmo pela noite adentro.

Os que observavam o fenômeno sentiam no canto ora uma alegria chorosa, ora um choro alegre.

Na verdade, havia alegria e tristeza; alegria pela vitória de Francisco e a consequente felicidade que alcançaria no plano espiritual, e tristeza nascida da saudade que sua ausência em corpo carnal provocaria.

O último suspiro

Estava vestido com a túnica remendada, a corda na cintura e descalço, quando deu o último suspiro e partiu ao encontro de Jesus.

As cotovias, em bando, silenciaram e foram-se.

Era a noite do dia 3 de outubro de 1226. Francisco tinha 44 anos de idade.

O lobo

Irmão Lobo permaneceu fiel, deitado aos pés do leito onde Francisco agonizava, sempre com a cabeça levantada, olhando ora para um lado, ora para outro, como se estivesse vigilante na proteção do irmão amado.

Quando Francisco deu o último suspiro, o lobo saiu em disparada.

Refugiando-se em floresta próxima, os frades ouviram os seus uivos por toda a noite.

Pela madrugada, cessaram.

Quando amanheceu, um dos frades saiu para procurá-lo, lembrando-se de quanta afeição Francisco tinha por aquele animal.

Mas, encontrando-o, viu que o lobo de Francisco estava morto.

Epílogo

Gregório XI

Dois anos após a morte de Francisco, o Bispo Ugolino, já ostentando o título de Papa Gregório IX, consagrava Francisco como santo da Igreja Católica Apostólica Romana.

Sepultado o cadáver de Francisco na Basílica de Assis onde seria venerado, Gregório IX enviou ao majestoso edifício uma cruz de ouro cravejada de pedras preciosas, vasos e tapeçarias de alto valor, para completarem sua decoração luxuosa.

Isso atesta que Hugolino tinha bons sentimentos com relação a Francisco, mas não conseguiu compreender Francisco, nem entender quase nada de sua mensagem Evangélica.

Francisco tinha horror a ser venerado, atitude devida a Deus, veneração expressa no auxílio às criaturas, seguindo os ensinamentos de Jesus. Essa Basílica provavelmente o entristeceu.

Decorando a basílica com objetos de alto preço, Hugolino expulsava dela a Santa Pobreza, e onde não havia pobreza, Francisco via desorientação; se Hugolino tivesse dado um pedaço de pão a um pobre, ou alguns trapinhos para uma mãe necessitada agasalhar seu bebê, teria dado muito mais alegria a Francisco.

Ugolino, sem a presença carnal de Francisco, agravou seu terrível processo obsessivo, mantendo pesadas ligações com as trevas.

Dominado por Espíritos inferiores, vítimas do ódio e do crime, estabeleceu em 1231 o Tribunal da Inquisição.

Diga-se a seu favor, que imaginava que o sombrio tribunal seria provisório No entanto, a Inquisição se estenderia por séculos, atormentando a Europa, especialmente a península Ibérica.

Por meio das perseguições, fraudes, assassinatos, estupros e toda sorte de atrocidades, a Inquisição procurou coibir manifestações dos que buscavam difundir os exemplos de Jesus de amor, tolerância, mansuetude, desprendimento e humildade.

Em 1241, Ugolino partiria deste mundo cercado de honrarias e tendo pela frente as mais amargas expiações pelos seus desvios do bem.

Embora esses desvios, Francisco continuou a amá-lo e a trabalhar pela sua iluminação espiritual através dos séculos.

Bernardo

Seguiu as pegadas de Francisco com grande diligência e devoção, valorizando a pobreza, ou seja, a humildade e o desprendimento, nada possuindo, mas a tudo amando e por tudo agradecendo.

Com o avançar da idade, suas interpretações do Evangelho se tornaram sucessivamente mais profundas, e sua vivência dos ensinos de Jesus cada vez mais fiel.

Aproximando-se a morte, desejou partir deste mundo com a máxima liberdade e paz, desobrigou-se das tarefas carnais, dizendo a um frade médico que o assistia nos derradeiros dias:

— Não quero ter nenhuma preocupação em comer e beber, por isso deixo por sua conta. Se você me der alimento e água, receberei; se não, não.

Suas últimas palavras antes do suspiro derradeiro foram:

— Peço-lhes, irmãos, que se amem uns aos outros.

Após a morte, seu cadáver estampava um belo sorriso, na expressão amena, com os músculos relaxados, como se dormisse calmamente num sono livre de tensões.

Clara

Clara suportou com relativa facilidade a ausência carnal de Francisco, posto que, pelo pensamento e pelo coração, unidos eram e unidos continuaram.

No sono, com frequência, Clara abandonava o corpo carnal e ia ter com Francisco; de outras vezes, o sentia ao seu lado nas tarefas do convento de São Damião, atendendo aos necessitados, que é o mesmo que atender a Jesus, segundo sua promessa que diz na alegoria do juízo final:

— Tudo aquilo que fizeram em prol do faminto, do enfermo, do estrangeiro, do sedento, do desnudo, do prisioneiro, foi a mim que fizeram.

Com o tempo, surgiram diversas enfermidades, purificando ainda mais aquele coração luminoso.

Quando Clara estava com 60 anos, passados 28 anos da partida de Francisco, chegou a hora daquela alma luminosa e meiga voltar aos planos superiores, deixando um rastro de luz no planeta das sombras, Rastro que permanece vivo por séculos.

Milhares de necessitados haviam sido beneficiados pelo seu amor e sacrifício; milhares de senhoras haviam sido contagiadas pelo seu exemplo, e suas filhas espirituais seguiriam seus exemplos de caridade cristã.

Um frade procurava consolá-la em sua agonia que durou dezessete dias. Clara, no entanto, o esclareceu:

— Irmão querido, desde que conheci, por intermédio de Francisco, a alegria do amor de Deus refletido em Jesus e que ilumina todas as criaturas, nunca mais nenhum sofrimento me foi amargo, nenhuma penitência foi pesada, doença alguma foi dura.

Quem mais sofria com a separação próxima era Inês, a irmã carnal e espiritual.

Passaram a vida toda juntas, o tempo que permaneceram distantes em todos aqueles anos era de poucas semanas.

Clara, para consolar Inês, revelou-lhe que a separação pela morte duraria pouco:

— É vontade de Deus que eu me vá, mas não chore Inês, logo depois de mim, você irá também e nos encontraremos ao lado de Jesus.

Chegada a hora última, virou-se para uma das irmãs e disse-lhe:

— Você está vendo, minha filha, Jesus o Rei da Glória?

A lado de Jesus estava Maria, sua mãe, Francisco e um enorme séquito de entidades angélicas.

Maria Santíssima inclinou-se sobre Clara e a abraçou com infinita ternura.

Não houve necessidade de procedimentos para desenlaçar o corpo espiritual de Clara do corpo carnal, pois aquele Espírito de luz já estava desligado da matéria.

Com seu abraço, Maria elevou delicadamente Clara que se viu de pé, abraçada por Maria que enlaçava Francisco maternalmente com o outro braço.

Jesus ternamente envolveu Maria, Clara e Francisco.

E assim rumaram para os planos superiores.

Poucos dias depois, Clara veio buscar a irmã querida. Inês foi conduzida para os planos superiores.

Isso aconteceu em agosto de 1256.

Franciscanos e Clarissas

O esforço de Francisco e Clara frutificou, contagiando pelo exemplo de amor, humildade, singeleza e fé, milhares de criaturas que se entregaram à tarefa de regenerar almas para Jesus.

A ordem dos franciscanos chegou a congregar mais de duzentos mil missionários e seguidores de Francisco.

Não aceitando dinheiro, mas apenas os alimentos mais pobres e vestuários grosseiros, não permaneciam nos mosteiros, saíam pelos campos e cidades, trabalhando construtivamente pelo aperfeiçoamento do mundo e dos corações.

O Pedacinho de Santa Maria

Se o viajante for até Assis e buscar o "Pedacinho de Santa Maria" encontrará majestosa Igreja com belas esculturas e pinturas, azulejos primorosos. Não encontrará porém a Santa Pobreza, a simplicidade e a humildade ensinadas por Jesus e retratadas por algum bondoso frade ou uma operosa Clarissa lavando as chagas de um leproso.

O "Pedacinho de Santa Maria" no entanto ainda existe no Plano Espiritual.

Nesse "Pedacinho de Santa Maria" celeste, poderá visitar um templo singelo, bem ao gosto de nossa

Mãe Santíssima, onde almas benditas procuram seguir a bem-aventurada entre as mulheres, dizendo no fundo de seu coração, em sentida prece:

— Faça-se em mim a vontade do Senhor.

Se encantará com a luz divina que brota de suas construções rústicas, louvando a Santa Pobreza, e participar das distribuições, não mais do pão ou das vestes materiais, mas dasVirtudes e Graças Divinas, das doces consolações enviadas às almas doloridas e tristes, na palavra eternamente viva de Jesus.

Sentirá a profunda alegria, o encantamento, daquele lugar envolto em alvoradas e preces.

Brincará e acariciará o Lobo de Francisco, observará as pequenas cotovias, voando e fazendo a algazarra que lhes é peculiar.

E em prece ouvirá a voz do Pobrezinho cantando o divino amor às criaturas e ao Criador.

Trabalho

O Céu, ou os planos espirituais superiores, tem locais deslumbrantes, cânticos maravilhosos, luzes e flores por toda parte, companhias agradabilíssimas, mas lá também vigora a lei do trabalho, do amor, da realização.

Jesus disse, certa feita:

— Meu Pai trabalha desde sempre e eu trabalho também.

Em outra oportunidade, junto a Simão Pedro, nos planos celestiais, Jesus afirmou:

— Enquanto houver uma lágrima no mundo eu não descansarei.

Maria Santíssima dirige vasta obra com milhares de instituições no mundo espiritual e na Terra.

Evidentemente Francisco e Clara não abandonariam seus irmãos, que entre dores e quedas buscam a redenção neste vale de lágrimas, onde o amor de Deus se faz presente em purificação e desprendimento. Ambos trabalham e socorrem sob as ordens de Jesus.

Colaborando, não somente com franciscanos e clarissas, mas auxiliando todo aquele que trabalha por um mundo melhor independentemente de rótulos religiosos, socorrendo aqueles que caem pelo caminho, carentes de alimento, remédio, roupas, prisioneiros e migrantes, e também a outros que tombam embriagados pela ganância, pela vaidade, pelo orgulho, pelo egoísmo.

Assim sendo, dizemos àqueles que, conhecendo a história de Clara e Francisco, sentem imensa saudade, e desejam conhecê-los melhor, não por intermédio das páginas de um livro, mas de fato, presencialmente:

Saiam de si, caminhem pelos ajuntamentos humanos, visitem choupanas e também palácios, pois se no palácio não há a miséria material, é comum encontrarem lá a miséria moral.

Não caminhem sós, apoiem-se na Santa Pobreza, guia seguro; aclarem a visão pelo amor a Deus e às criaturas e ao irmanarem-se com:

- A mãe desvalidada,
- O descrente desorientado,
- O doente, o órfão, o idoso, abandonado,
- O pecador enrodilhado no vício,
- A alma torturada pelo arrependimento,
- O indiferente, o sarcástico, o arrogante...

Certamente estarão ao lado de Jesus, de Maria, de Francisco e Clara, no pequeno e esférico barco humano, navegando no imenso amor de Deus.

Fontes

Fontes Biográficas Franciscanas obtida em www.MicroBookStudio.com

Novo Testamento – Haroldo Dutra Dias

Bíblia de Jerusalém – Edições Paulinas

A Caminho da Luz – Emmanuel / Chico Xavier

Irma Vera Cruz – Irma Vera Cruz /Chico Xavier

Somente amor – Maria Dolores-Meimei / Chico Xavier

Lira Imortal - Chico Xavier / Poetas diversos

Chico Xavier - Josyan Courté

100 anos de amor - Chico Xavier / autores diversos

Os escritos de São Francisco de Assis – P. Dr. Kqjetan Esser / P. Dr. Lothar Hardic

Vida de um homem: Francisco de Assis / Chiara Frugon

Cânticos remotos de Belém – Wallace Leal Rodrigues

O Mundo de Francisco de Assis – Ariston S. Teles / Virgilio / Rabinadrath Tagore

Wikipedia – pt.wikipedia.org

Google maps

Campanha de Preservação da Vida

EDITORA ALIANÇA

Tema: ABORTO

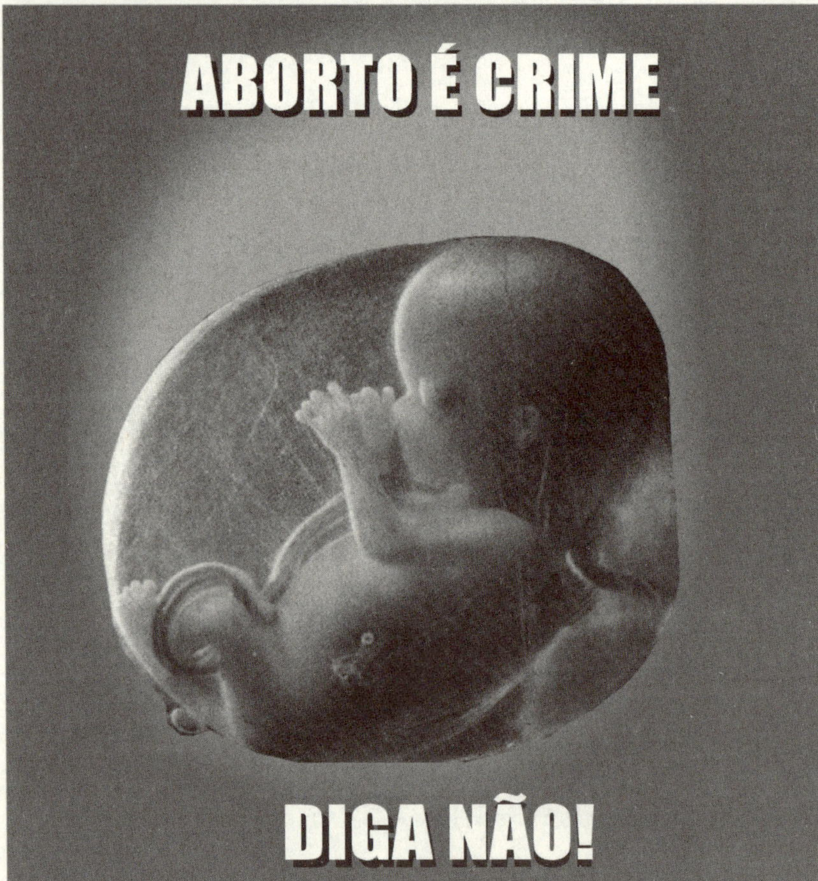

O Livro dos Espíritos, Allan Kardec - questão 358:

Pergunta: *O aborto provocado é um crime, qualquer que seja a sua concepção?*

Resposta dos Espíritos: *Há sempre crime quando se transgride a lei de Deus. A mãe ou qualquer pessoa cometerá sempre um crime ao tirar a vida de uma criança antes do seu nascimento, porque isso é impedir a alma de passar pelas provas de que o corpo devia ser instrumento.*